KB107181

손정숙 · 이현진 공저

머리말

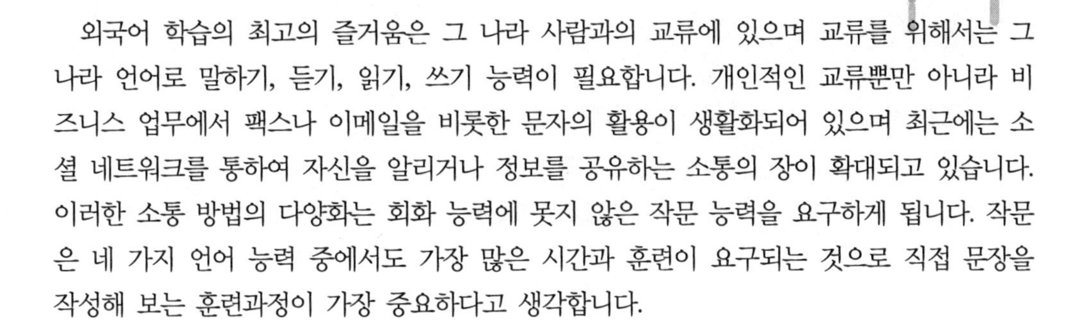

개정판을 내면서

외국어 학습의 최고의 즐거움은 그 나라 사람과의 교류에 있으며 교류를 위해서는 그 나라 언어로 말하기, 듣기, 읽기, 쓰기 능력이 필요합니다. 개인적인 교류뿐만 아니라 비즈니스 업무에서 팩스나 이메일을 비롯한 문자의 활용이 생활화되어 있으며 최근에는 소셜 네트워크를 통하여 자신을 알리거나 정보를 공유하는 소통의 장이 확대되고 있습니다. 이러한 소통 방법의 다양화는 회화 능력에 못지 않은 작문 능력을 요구하게 됩니다. 작문은 네 가지 언어 능력 중에서도 가장 많은 시간과 훈련이 요구되는 것으로 직접 문장을 작성해 보는 훈련과정이 가장 중요하다고 생각합니다.

본 교재는 다양한 형태의 교류와 비즈니스 업무에서 자연스럽고 정확하게 의사전달을 할 수 있는 고급 수준의 작문 실력에 필요한 기초 능력을 기르기 위한 학습서로서 초급 학습자 및 기본문법을 이해하고 있는 학습자를 대상으로 일본어의 기초적인 내용이면서도 작문의 에센스를 담고 있으며 자연스럽게 일본어를 익힐 수 있도록 문장 쓰기 훈련에 중점을 두었습니다.

우선 기본문형과 모델문장을 제시하여 학습목표를 확인하고, 제시된 어휘를 활용하여 문장 만들기, 틀린 곳 고치기, 알맞은 말 써넣기, 한국어 단문을 일본어로 쓰기 등으로 다양한 형태의 문제로 스스로 해결해 가는 과정을 통하여 자연스럽게 문형과 문법 내용을 익혀갈 수 있도록 하였습니다. 또한 JUMP UP에서는 각 과에 필요한 보충어휘 및 문법 내용과 표현의 뉘앙스 차이에 대하여 자세하게 설명하여 스스로 학습할 수 있도록 하였습니다. 이번 개정판에서는 학습자들이 혼자서 학습할 수 있도록 문법 설명을 추가하고 초급의 필수적인 어휘를 활용하여 반복 학습하는 과정에서 자연스럽게 어휘와 문장을 익혀갈 수 있도록 하였습니다.

아무쪼록 본 교재가 일본어 학습자 여러분에게 작문 기초 실력을 다질 수 있는 단단한 디딤돌이 되길 희망합니다. 마지막으로 본 교재 출판을 위해 애써주신 제이앤씨 출판사의 관계자 여러분께 진심으로 감사드립니다.

2023. 01.

저자 일동

개정판

新 スラスラ 일본어 작문 1

01 私(わたし)は 大学生(だいがくせい)です

명사문 (1)

➜ N_1 は N_2 です : N_1은/는 N_2입니다

は[wa]는 주제, 화제를 나타내는 조사이며 뜻은 '은/는'이다.

명사 뒤에 です를 붙이면 ~입니다, 라는 정중한 표현이 된다.

- 私(わたし)**は** 韓国人(かんこくじん)**です**。　　나는 한국인입니다.

➜ N_1 は N_2 ですか : N_1은/는 N_2입니까

Nです(N입니다) 문장 뒤에 か를 붙이면 '입니까?'라는 의미의 의문문이 된다.

- キムさん**は** 大学生(だいがくせい)**ですか**。　　김 씨는 대학생입니까?

→ **N1 は N2 では ありません** : N1은/는 N2이/가 아닙니다

명사 뒤에 では/じゃ ありません을 붙이면 ~이/가 아닙니다, 라는 정중한 부정표현이 된다.

- それ**は** コーヒー**では ありません**。 그것은 커피가 아닙니다.
- 私(わたし)**は** 日本人(にほんじん)**では ありません**。 나는 일본인이 아닙니다.

인칭대명사

1인칭		2인칭		3인칭		부정칭	
私(わたし)	나/저	あなた	당신	彼(かれ)	그	だれ	누구
私(わたくし)	나/저	君(きみ)	자네(남자)	彼女(かのじょ)	그녀	どなた	어느 분
ぼく	나(남자)	お前(まえ)	너(남자)				
おれ	나(남자)						

지시어

사물, 장소 등 구체적인 가리키거나 물을 때 사용하는 말

こ-(이) : 화자와 가까운 위치에 있는 것을 가리킨다.

そ-(그) : 청자 가까운 위치에 있는 것을 가리킨다.

あ-(저) : 화자와 청자 모두에게 먼 위치에 있는 것을 가리킨다.

ど-(어느) : 정해지지 않은 의문을 나타낸다.

1. 다음 예와 같이 일본어 문장을 만드세요.

예 私(わたし)、大学生(だいがくせい) → 私(わたし)**は** 大学生(だいがくせい)**です**。　나는 대학생입니다.

❶ これ、パソコン ➜ ____________________

이것은 컴퓨터입니다.

❷ それ、ノート ➜ ____________________

그것은 노트입니다.

❸ あれ、かばん ➜ ____________________

저것은 가방입니다.

2. 다음 예와 같이 일본어 문장을 만드세요.

예 これ、何(なん) → これ**は** 何(なん)**ですか**。　이것은 무엇입니까?

❶ お名前(なまえ)、何(なん) ➜ ____________________

성함은 무엇입니까?

❷ お仕事(しごと)、何(なん) ➜ ____________________

직업은 무엇입니까?

❸ お宅(たく)、どこ ➜ ____________________

댁은 어디입니까?

ことば	パソコン : 컴퓨터　ノート : 노트　かばん : 가방　お名前(なまえ) : 성함 お宅(たく) : 댁　どこ : 어디　お仕事(しごと) : 일, 직업

3. 다음 예와 같이 일본어 문장을 만드세요.

예 私(わたし)、会社員(かいしゃいん) → 私(わたし)**は** 会社員(かいしゃいん)**では ありません**。 나는 회사원이 아닙니다.

❶ 私(わたし)、日本人(にほんじん)

➜ ______________________________

나는 일본인이 아닙니다.

❷ 彼(かれ)、先生(せんせい)

➜ ______________________________

그는 선생님이 아닙니다.

❸ 彼女(かのじょ)、学生(がくせい)

➜ ______________________________

그녀는 학생이 아닙니다.

ことば

会社員(かいしゃいん) : 회사원	日本人(にほんじん) : 일본인
先生(せんせい) : 선생님	学生(がくせい) : 학생

4. 다음 빈 칸에 적당한 말을 써 넣으세요.

❶ 彼(かれ) __________ 日本人(にほんじん) __________。

그는 일본인**입니까**?

❷ 図書館(としょかん)は__________ですか。

도서관**은 어디**입니까?

❸ A：キムサンのかばん__________どれですか。B：それ__________。

(A: 김씨의 가방은 어느 것입니까? B: 그것**입니다**.)

❹ A:これは__________ですか。B:パソコンです。

(A: 이것은 **무엇**입니까? B: 컴퓨터입니다.)

❺ あれ_____ 本(ほん)__________。

저것**은** 책**이 아닙니다**.

ことば	図書館(としょかん)：도서관　　かばん：가방　　本(ほん)：책

5. 일본어로 작문하세요.

❶ 나는 신입생입니다. (私、新入生)

➜ ______________________________

❷ 여기는 교실입니다. (ここ、教室)

➜ ______________________________

❸ 그것은 스마트폰입니까? (それ、スマートフォン)

➜ ______________________________

❹ 리씨는 중국인이 아닙니다. (リーさん、中国人)

➜ ______________________________

❺ 이것은 빵이 아닙니다. (これ、パン)

➜ ______________________________

ことば

新入生(しんにゅうせい) : 신입생　　教室(きょうしつ) : 교실
スマートフォン : 스마트폰　　中国人(ちゅうごくじん) : 중국인　　パン : 빵

02 この人(ひと)は ゴルフの コーチです

명사문 (2)

➜ **N1 の N2** : N_1의 N_2

명사와 명사 사이의 'の'는 속성, 소속, 관계 등 다양한 의미를 나타낸다.

- 田中(たなか)さんは **高校(こうこう)の 先生(せんせい)**です。 다나카씨는 고등학교 선생님입니다.
- この人(ひと)は **ゴルフの コーチ**です。 이 사람은 골프 코치입니다.

➜ **何の N** : 무슨 N

가리키는 사물이 구체적으로 무엇인지 묻는 표현이다.

- A: あれは **何(なん)の 雑誌(ざっし)**ですか。 저것은 무슨 잡지입니까?
- B: **車(くるま)の 雑誌(ざっし)**です。 차 잡지입니다.

➜ 誰(だれ)の N1 : 누구의 N

가리키는 사물의 소유자를 묻는 표현이다. の가 소유를 나타내고 화자와 청자 모두 알고 있는 사물인 경우, 뒤에 오는 명사는 생략 가능하다.

誰(だれ)の車(くるま)(누구의 차)→ 誰(だれ)の(누구의 것)

- A : これは **誰(だれ)の**車(くるま)ですか。　　이것은 누구의 자동차입니까?
- B : 鈴木(すずき)さん**の**です。　　스즈키 씨의 것입니다.

➜ N1 は N2 で、N3 は N4 です

: N_1은/는 N_2이고 N_3은/는 N_4입니다

명사와 명사 사이의 で는 '~(이)고, ~(으)로서'라는 연결표현으로, 두 문장을 한 문장으로 연결할 때 사용한다.

- 松本(まつもと)さん**は** 大学生(だいがくせい)**で**、竹内(たけうち)さん**は** プログラマー**です**。
  마쓰모토 씨는 대학생이고 다케우치 씨는 프로그래머입니다.

1. 다음 예와 같이 일본어 문장을 만드세요.

> 예 これ、ユンさん、ワンピース
> → これは ユンさん**の** ワンピースですか。
>
> 이것은 윤씨의 원피스입니까?

❶ それ、松本(まつもと)さん、シャツ

➜ ______________________________

그것은 마쓰모토씨의 셔츠입니까?

❷ この、スマートフォン、野口(のぐち)さん

➜ ______________________________

이 스마트폰은 노구치씨의 것입니까?

❸ その、ハンカチ、だれ

➜ ______________________________

그 손수건은 누구의 것입니까?

ことば	ワンピース : 원피스　シャツ : 샤츠　ハンカチ : 손수건

2. 다음 예와 같이 일본어 문장을 만드세요.

> **예** **ジョン**さん、英語(えいご)、先生(せんせい)
>
> → ジョンさん**は** 英語(えいご)**の** 先生(せんせい)**です**。
>
> 존씨는 영어 선생님입니다.

❶ これ、スイス、時計(とけい)

➜ ____________________

이것은 스위스의 시계입니다.

❷ その、はさみ、日本(にほん)

➜ ____________________

그 가위는 일본의 것입니다.

❸ あれ、ピアノ、テキスト

➜ ____________________

저것은 피아노 교재입니다.

ことば			
	英語(えいご):영어	スイス:스위스	時計(とけい):시계
	ピアノ:피아노	テキスト:교재	

3. 다음 예와 같이 일본어 문장을 만드세요.

> 예 これ、松本(まつもと)さん、それ、竹内(たけうち)さん
> → これ**は** 松本(まつもと)さんの**で**、それは 竹内(たけうち)さんの**です**。
> 이것은 마쓰모토 씨 것이고, 저것은 다케우치 씨 것입니다.

❶ この スカーフ、鈴木(すずき)さん、あの ハンカチ、大竹(おおたけ)さん

→ ______________________________

이 스카프는 스즈키 씨 것이고, 저 손수건은 오다케 씨 것입니다.

❷ それ、英会話(えいかいわ)、本(ほん)、ソンさん

→ ______________________________

그것은 영어회화 책이고, 손 씨의 것입니다.

❸ 村上(むらかみ)さん、医者(いしゃ)、大学教授(だいがくきょうじゅ)

→ ______________________________

무라카미 씨는 의사이고, 대학교수입니다.

ことば スカーフ：스카프　英会話(えいかいわ)：영어회화　医者(いしゃ)：의사
大学教授(だいがくきょうじゅ)：대학교수

4. 다음 빈 칸에 적당한 말을 써 넣으세요.

❶ 松村(まつむら)さん________大学生(だいがくせい)________、専門(せんもん)________写真(しゃしん)です。

마쓰무라 씨**는** 대학생**이고** 전공**은** 사진입니다.

❷ ゴルフ________テキスト________どれですか。

골프 교재**는** 어느 것입니까?

❸ A：あの方(かた)は________ですか。

저분은 **누구**입니까?

B：竹内(たけうち)さん________お姉(ねえ)さん________、スチュワーデスです。

다케우치 씨**의** 언니**이고**, 스튜어디스입니다.

❹ A：これは________国の新聞(しんぶん)ですか。

이것은 **어느** 나라 신문입니까?

B：イタリア________です。

이탈리아**의 것**입니다.

❺ これ________風邪薬(かぜぐすり)________、それ________胃薬(いぐすり)________。

이것**은** 감기약**이고**, 그것**은** 위장약**입니다**.

ことば			
	専門(せんもん)：전문, 전공	写真(しゃしん)：사진	ゴルフ：골프
	スチュワーデス：스튜어디스	新聞(しんぶん)：신문	イタリア：이탈리아
	風邪薬(かぜぐすり)：감기약	胃薬(いぐすり)：위장약	

5. 일본어로 작문하세요.

❶ 다나카씨는 변호사이고, 톰씨는 은행원입니다. (田中、 弁護士、トム、銀行員)

➜ ________________________________

❷ 저 노트북은 누구의 것입니까? (あの、 ノートパソコン、誰)

➜ ________________________________

❸ A: 무슨 회사입니까?　B: 여행회사입니다. (何、会社、旅行)

➜ ________________________________

❹ 김치는 한국 음식이고, 단무지는 일본 음식입니다.
(キムチ、韓国、食べ物、たくあん、日本)

➜ ________________________________

❺ 피에르 씨는 프랑스인이고 유학생입니다. (ピエール、フランス人、留学生)

➜ ________________________________

ことば		
弁護士(べんごし) : 변호사	銀行員(ぎんこういん) : 은행원	
会社(かいしゃ) : 회사	旅行(りょこう) : 여행	キムチ : 김치
韓国(かんこく) : 한국	食(た)べ物(もの) : 음식	たくあん : 단무지
フランス人(じん) : 프랑스인	留学生(りゅうがくせい) : 유학생	

MEMO

03 この たこ焼(や)きは おいしいです

형용사문

い형용사 : A(어간) + い　　おいしい

※ 기본형의 어미가 'い'로 끝나는 일본 고유의 형용사

→ **N は Aい です** : N은/는 ~입(습)니다

い형용사 어미 'い' 뒤에 'です'를 붙이면 '~습니다'라는 현재긍정 정중체 표현이 된다. おいし**い**(맛있다) → おいし**いです**(맛있습니다)

- この たこ焼(や)き**は** おいしい**です**。
  이 다코야키는 맛있습니다.

→ **N は A く ないです** : N은 / 는 ~지 않습니다.
(= く ありません)

い형용사의 어미 'い'를 없애고 'く ありません/く ないです'을 붙이면 '~지 않습니다'라는 현재부정 정중체 표현이 된다. 広(ひろ)**い**(넓다) →広(ひろ)**く ないです**/広(ひろ)**く ありません**(넓지 않습니다)

단, 'いい(좋다)'의 경우 'よい'로 활용하여, 'よく **ないです**/よく **ありません**(좋지 않습니다)'가 된다.

- 私(わたし)の部屋(へや)**は** 広(ひろ)く **ないです**。 제 방은 넓지 않습니다.
- この店(みせ)**は** 高(たか)く **ないです**。 이 가게는 비싸지 않습니다.
- 体調(たいちょう)が よく **ないです**。 몸상태가 좋지 않습니다.

な형용사 : NA(어간) + **だ**   静(しず)か**だ**

※ 기본형의 어미가 'だ'로 끝나고, 명사를 수식할 때 어미 형태가 'な'로 바뀌는 형용사. きれい**だ**(예쁘다/깨끗하다)→きれい**な**手 (예쁜/깨끗한 손)

→ N **は** NA **です** : N은/는 ~합니다

な형용사의 어미 'だ'를 없애고 'です'를 붙이면 '~합니다'라는 현재긍정 정중체 표현이 된다. 親切(しんせつ)**だ**(친절하다)→親切(しんせつ)**です**(친절합니다)

- 図書館(としょかん)**は** 静(しず)か**です**。
  도서관은 조용합니다.

→ N **は** NA **では ありません** : N은/는 ~지 않습니다.

(= では ないです)

な형용사의 어미 'だ'를 없애고 'では ありません/では ないです'를 붙이면 '~지 않습니다'라는 현재부정 정중체 표현이 된다.

• 静(しず)か**だ** (조용하다) → 静(しず)か**ではありません** / 静(しず)か**ではないです**。

조용하지 않습니다.

• 学校(がっこう)の 周(まわ)り**は** 静(しず)か**では ありません**。

학교 주변은 조용하지 않습니다.

MEMO

1. 다음 예와 같이 일본어 문장을 만드세요.

예 春(はる)、暖(あたた)かい	→ 春**は** 暖か**いです**。	봄은 따뜻합니다.
新井(あらい)さん、親切(しんせつ)だ	→ 新井さん**は** 親切**です**。	아라이 씨는 친절합니다.

❶ この 子(こ)、元気(げんき)だ ➜ ____________________
이 아이는 건강합니다.

❷ 日本語(にほんご)、勉強(べんきょう)、おもしろい ➜ ____________________
일본어 공부는 재미있습니다.

❸ ソウル , 交通(こうつう)、便利(べんり)だ ➜ ____________________
서울의 교통은 편리합니다.

2. 다음 예와 같이 일본어 문장을 만드세요.

예 日本(にほん)、キムチ、辛(から)い →	日本の キムチ**は** 辛**く ないです**。
	일본 김치는 맵지 않습니다.

❶ 東京(とうきょう)、物価(ぶっか)、安(やす)い ➜ ____________________
도쿄의 물가는 싸지 않습니다.

❷ 北海道(ほっかいどう)、あまり、暑(あつ)い ➜ ____________________
홋카이도는 그다지 덥지 않습니다.

❸ 杉田(すぎた)さん、髪(かみ)、短(みじか)い ➜ ____________________
스기타 씨의 머리는 짧지 않습니다.

ことば

春(はる) : 봄	暖(あたた)かい : 따뜻하다	親切(しんせつ)だ : 친절하다
元気(げんき)だ : 건강하다	勉強(べんきょう) : 공부	おもしろい : 재미있다
交通(こうつう) : 교통	便利(べんり)だ : 편리하다	辛(から)い : 맵다
物価(ぶっか) : 물가	安(やす)い : 싸다	あまり : 그다지, 너무
暑(あつ)い : 덥다	髪(かみ) : 머리카락	短(みじか)い : 짧다

3. 다음 예와 같이 일본어 문장을 만드세요.

> 예 この ひも、丈夫(じょうぶ)だ → この ひも**は** 丈夫(じょうぶ)**では ありません**。
> 이 끈은 튼튼하지 않습니다.

❶ この ネクタイ、あまり、派手(はで)だ

➜ ______________________________

이 넥타이는 그다지 화려하지 않습니다.

❷ この 魚(さかな)、新鮮(しんせん)だ

➜ ______________________________

이 생선은 신선하지 않습니다.

❸ あの 旅館(りょかん)、あまり、有名(ゆうめい)だ

➜ ______________________________

저 여관은 그다지 유명하지 않습니다.

ことば		
ひも : 끈	丈夫(じょうぶ)だ : 튼튼하다	ネクタイ : 넥타이
派手(はで)だ : 화려하다	魚(さかな) : 물고기	新鮮(しんせん)だ : 신선하다
旅館(りょかん) : 여관	有名(ゆうめい)だ : 유명하다	

4. 다음 밑줄 친 부분을 바르게 고쳐보세요.

❶ この スカートは 短(みじか)います。 기본형 短(みじか)い

➜ ______________________________

이 치마는 **짧습니다**.

❷ インスタント食品(しょくひん)は 体に いく ないです。 기본형 いい

➜ ______________________________

인스턴트 식품은 몸에 **좋지 않습니다**.

❸ 明日(あした)は 暇(ひま)だです。 기본형 暇(ひま)だ

➜ ______________________________

내일은 **한가합니다**.

❹ この かばんは 丈夫(じょうぶ)く ありません。 기본형 丈夫(じょうぶ)だ

➜ ______________________________

이 가방은 **튼튼하지 않습니다**.

❺ この 漫画(まんが)は おもしろい ないです。 기본형 おもしろい

➜ ______________________________

이 만화는 **재미있지 않습니다**.

ことば			
	インスタント : 인스턴트	食品(しょくひん) : 식품	体(からだ) : 몸, 신체
	暇(ひま)だ : 한가하다	漫画(まんが) : 만화	

5. 일본어로 작문하세요.

❶ 저는 운동이 좋습니다. (私、運動、好きだ)

➜ ______________________________

❷ 일본어 공부는 어렵지 않습니다. (日本語、勉強、難しい)

➜ ______________________________

❸ 일본 음식은 그다지 맵지 않습니다. (日本、食べ物、辛い)

➜ ______________________________

❹ 이 빵은 부드럽습니다. (この、パン、柔らかだ)

➜ ______________________________

❺ 일본 라면은 별로 좋아하지 않습니다. (日本、ラーメン、好きだ)

➜ ______________________________

ことば		
	運動(うんどう) : 운동	難(むずか)しい : 어렵다
	柔(やわ)らかだ : 부드럽다	ラーメン : 라면
	好(す)きだ : 좋아하다	

MEMO

04 キリンは 首(くび)が 長(なが)いです

형용사의 명사 수식형 · て형

➜ **[N_1] は [N_2] が ～です** : N_1은/는 N_2가 ～입니다

N1의 성질, 특징을 나타낼 때 사용하는 표현이다.

- うさぎ**は** 目(め)**が** 赤(あか)い**です**。　　토끼는 눈이 빨갛습니다.
- ソウル**は** 交通(こうつう)**が** 便利(べんり)**です**。　　서울은 교통이 편리합니다.

い형용사

➜ **[N_1] は [A] い [N_2] です** :N_1은/는 ～한 N_2입니다

い형용사는 기본형 형태 그대로 뒤에 오는 명사를 수식할 수 있다.

<u>やさし</u>**い**(상냥하다)→<u>やさし</u>**い** 先生(상냥한 선생님)

- 小野(おの)さん**は** やさし**い** 先生(せんせい)**です**。　　오노 씨는 상냥한 선생님입니다.

→ N は A くて ～です : N은/는 ～고 ～입니다

い형용사의 어미 'い'를 없애고 'くて'를 붙이면 '~하고, ~해서'라는 의미의 '연결형'이 된다. 단, 'いい(좋다)'의 경우 'よい'로 활용하여, '**よくて**(좋고, 좋아서)'가 된다.

- すいか**は** 丸(まる)**くて** 大(おお)きい**です**。　수박은 둥글고 큽니다.
- この レストラン**は** 安(やす)**くて** おいしい**です**。　이 레스토랑은 싸고 맛있습니다.

な형용사

→ N_1 は NA な N_2 です : N_1은/는 ～한 N_2입니다

な형용사의 어미 'だ'를 없애고 'な'를 붙이면 뒤에 오는 명사를 수식하는 '명사수식형'이 된다.

にぎやか**だ**(번화하다)→にぎやか**な** 町(번화한 도시)

- ソウル**は** にぎやか**な** 町(まち)**です**。　서울은 번화한 도시입니다.

→ N は NA で ～です : N은/는 ～고 ～입니다

な형용사의 어미 'だ'를 없애고 'で'를 붙이면 '~하고, ~해서'라는 의미의 '연결형'이 된다.　静(しず)か**だ**(조용하다)→静(しず)か**で**(조용하고, 조용해서)

- この ホテル**は** 静(しず)か**で**、きれい**です**。　이 호텔은 조용하고 깨끗합니다.

1. 다음 예와 같이 일본어 문장을 만드세요.

예 キリン、首(くび)、長(なが)い → キリン**は** 首(くび)**が** 長(なが)い**です**。 기린은 목이 깁니다. 母(はは)、手(て)、きれいだ → 母(はは)**は** 手(て)**が** きれい**です**。 어머니는 손이 예쁩니다.

❶ 象(ぞう)、体(からだ)、大(おお)きい

→ ______________________________

코끼리는 몸이 큽니다.

❷ 東京(とうきょう)、物価(ぶっか)、高(たか)い

→ ______________________________

도쿄는 물가가 비쌉니다.

❸ 松山(まつやま)さん、英語(えいご)、上手(じょうず)だ

→ ______________________________

마쓰야마 씨는 영어를 잘합니다.

'好(す)きだ(좋아한다)', '嫌(きら)いだ(싫어한다)', '上手(じょうず)だ(잘한다)', '下手(へた)だ(못한다)'의 대상을 나타내는 조사는 'が'이다. 목적격 조사 'を'를 사용하지 않도록 주의할 것.

私(わたし)は 犬(いぬ)**が** **好(す)き**です。 저는 개를 좋아합니다.

キムさんは 歌(うた)**が** **上手(じょうず)**です。 김 씨는 노래를 잘 합니다.

ことば		
キリン : 기린	首(くび) : 목	きれいだ : 깨끗하다, 예쁘다
象(ぞう) : 코끼리	上手(じょうず)だ : 능숙하다	

2. 다음 예와 같이 일본어 문장을 만드세요.

> **예** 私(わたし)の 部屋(へや)、明(あか)るい、暖(あたた)かい
>
> → 私(わたし)の 部屋(へや)**は** 明(あか)る**くて** 暖(あたた)かい**です**。
>
> 내 방은 밝고 따뜻합니다.
>
> 杉田(すぎた)さん、朗(ほが)らかだ、ハンサムだ
>
> → 杉田(すぎた)さん**は** 朗(ほが)らか**で**、ハンサム**です**。
>
> 스기타 씨는 명랑하고 핸섬합니다.

❶ デパート、トイレ、広(ひろ)い、きれいだ

➜ ______________________________

백화점의 화장실은 넓고 깨끗합니다.

❷ 新幹線(しんかんせん)、安全(あんぜん)だ、速(はや)い

➜ ______________________________

신칸센은 안전하고 빠릅니다.

❸ 日本(にほん)、地形(ちけい)、細(ほそ)い、長(なが)い

➜ ______________________________

일본 지형은 가늘고 깁니다.

❹ 松本(まつもと)さん、まじめだ、無口(むくち)だ

➜ ______________________________

마쓰모토 씨는 성실하고 과묵합니다.

ことば

部屋(へや)：방　明(あか)るい：밝다　ハンサムだ：핸섬하다
デパート：백화점　トイレ：화장실　広(ひろ)い：넓다
新幹線(しんかんせん)：신간센　安全(あんぜん)だ：안전하다　速(はや)い：빠르다
地形(ちけい)：지형　細(ほそ)い：가늘다　長(なが)い：길다
まじめだ：성실하다　無口(むくち)だ：말수가 적다(과묵하다)

3. 다음 예와 같이 일본어 문장을 만드세요.

예 今日(きょう)、いい、天気(てんき)	→ 今日(きょう)**は** いい 天気(てんき)**です**。 오늘은 좋은 날씨입니다.
東京(とうきょう)、にぎやかだ、町(まち)	→ 東京(とうきょう)**は** にぎやか**な** 町(まち)**です**。 도쿄는 번화한 도시입니다.

❶ これ、赤(あか)い、ボールペン

➜ ______________________________

이것은 빨간 볼펜입니다.

❷ うさぎ、かわいい、動物(どうぶつ)

➜ ______________________________

토끼는 귀여운 동물입니다.

❸ バンコク、有名(ゆうめい)だ、町(まち)

➜ ______________________________

방콕은 유명한 도시입니다.

❹ どうも、どうぞ、便利(べんり)だ、言葉(ことば)

➜ ______________________________

どうも와 どうぞ는 편리한 말입니다.

ことば

今日(きょう)：오늘　天気(てんき)：날씨　にぎやかだ：번화하다
ボールペン：볼펜　うさぎ：토끼　言葉(ことば)：말, 단어

4. 다음 빈 칸에 적당한 말을 써 넣으세요.

❶ 馬(うま)________足(あし)________長(なが)い 動物(どうぶつ)です。

말**은** 다리**가** 긴 동물입니다.

❷ 田中(たなか)さん________友(とも)だち________多(おお)いです。

다나카씨는 친구**가** 많습니다.

❸ あの 背(せ)________高(たか)い 人(ひと)________体育(たいいく)________先生(せんせい)です。

저 키**가** 큰 사람**은** 체육 선생님입니다.

❹ 大竹(おおたけ)さん________元気(げんき)________人です。

오타케 씨**는** 건강**한** 사람입니다.

❺ 内田(うちだ)さん________韓国語(かんこくご)________上手(じょうず)です。

우치다 씨**는** 한국어**를** 잘합니다.

ことば			
	馬(うま) : 말	足(あし) : 발, 다리	高(たか)い : 크다, 높다, 비싸다
	体育(たいいく) : 체육	韓国語(かんこくご) : 한국어	

5. 일본어로 작문하세요.

❶ 형은 힘이 셉니다. (兄 、力、強い)

→ ______________________________

❷ 레몬은 비타민 C가 많은 과일입니다. (レモン、ビタミンC、多い、果物)

→ ______________________________

❸ 서울은 교통이 편리한 도시입니다. (ソウル、交通、便利だ、町)

→ ______________________________

❹ 저 레스토랑은 싸고 맛있습니다. (レストラン、安い、おいしい)

→ ______________________________

❺ 다케우치씨는 예쁘고 날씬합니다. (竹内、きれいだ、スリムだ)

→ ______________________________

ことば			
	兄(あに) : 형	力(ちから) : 힘	強(つよ)い : 강하다
	レモン : 레몬	ビタミンC : 비타민C	多(おお)い : 많다
	果物(くだもの) : 과일	交通(こうつう) : 교통	便利(べんり)だ : 편리하다
	スリムだ : 날씬하다		

MEMO

05 夏休(なつやす)みの ホームステイは 楽(たの)しかったです

형용사 과거표현

い형용사

➜ N は A かったです : N은/는 ~었습니다

い형용사의 어미 'い'를 없애고 'かったです'를 붙이면 '~었습니다'라는 과거긍정 정중체 표현이 된다. 楽(たの)しい(즐겁다) → 楽(たの)し**かったです**(즐거웠습니다)

단, 'いい(좋다)'의 경우 'よい'로 활용하여, 'よ**かったです**(좋았습니다)'가 된다.

- 夏休(なつやす)みの ホームステイは 楽(たの)し**かったです**。
  여름방학 홈스테이는 즐거웠습니다.

➜ N は A く なかったです : N은/는 ~지 않았습니다

(=く ありませんでした)

い형용사의 어미 'い'를 없애고 'く なかったです/く ありませんでした'를 붙이면 '~지 않았습니다'라는 과거부정 정중체 표현이 된다.

安い(싸다) → 安く **なかったです**/安く **ありませんでした**(싸지 않았습니다)

단, 'いい(좋다)'의 경우 'よい'로 활용하여, 'よく **なかったです**/よく **ありません でした**(좋지 않았습니다)'가 된다.

- 出前の 料理**は** 安く **なかったです**。 배달 요리는 싸지 않았습니다.

な형용사

→ N **は** NA **でした** : N은/는 ~했습니다

な형용사의 어미 'だ'를 없애고 'でした'를 붙이면 '~했습니다'라는 과거긍정 정중체 표현이 된다.

- あの 公園**は** とても 静か**でした**。 저 공원은 무척 조용했습니다.

→ N **は** NA **では ありませんでした** : N은/는 ~지 않았습니다

(= では なかったです)

な형용사의 어미 'だ'를 없애고 'では ありませんでした/では なかったです'를 붙이면 '~지 않았습니다'라는 과거부정 정중체 표현이 된다.

便利**だ**(편리하다) → 便利**では ありません**(편리하지 않습니다)

- あの 機械**は** 便利**では ありませんでした**。 저 기계는 편리하지 않았습니다.

A くも A くも **ないです**：~지도 ~지도 않습니다

- 春(はる)は 寒(さむ)**くも** 暑(あつ)**くも ないです**。

  봄은 춥지도 덥지도 않습니다.

NA でも NA でも **ありません**：~하지도 ~하지도 않습니다

- あの ホテルは 静(しず)か**でも** きれい**でも ありません**。

  저 호텔은 조용하지도 깨끗하지도 않습니다.

1. 다음 예와 같이 일본어 문장을 만드세요.

> 예 去年(きょねん)、夏(なつ)、暑(あつ)い
>
> → 去年(きょねん)の夏(なつ)**は** 暑(あつ)**かったです**。
>
> 작년 여름은 더웠습니다.
>
> → 去年(きょねん)の夏(なつ)**は** 暑(あつ)**く なかったです**。
>
> 작년 여름은 덥지 않았습니다.

❶ 小学校(しょうがっこう)、運動場(うんどうじょう)、広(ひろ)い

➜ ______________________________

초등학교 운동장은 넓었습니다.

➜ ______________________________

초등학교 운동장은 넓지 않았습니다.

❷ その 映画(えいが)、おもしろい

➜ ______________________________

그 영화는 재미있었습니다.

➜ ______________________________

그 영화는 재미있지 않았습니다.

❸ 青山(あおやま)さん、中学生(ちゅうがくせい)の 時(とき)、背(せ)が 高(たか)い

➜ ______________________________

아오야마 씨는 중학생 때 키가 컸었습니다.

➜ ______________________________

아오야마 씨는 중학생 때 키가 크지 않았습니다.

ことば

小学校(しょうがっこう) : 초등학교
運動場(うんどうじょう) : 운동장
映画(えいが) : 영화
中学生(ちゅうがくせい) : 중학생
背(せ)が 高(たか)い : 키가 크다

2. 다음 예와 같이 일본어 문장을 만드세요.

> 예 幼(おさな)い 頃(ころ)、野菜(やさい)、きらいだ
>
> → 幼(おさな)い 頃(ころ)**は** 野菜(やさい)**が** きらい**でした。**
>
> 어렸을 때에는 야채를 싫어했습니다.
>
> → 幼(おさな)い 頃(ころ)**は** 野菜(やさい)は あまり きらい**では ありませんでした。**
>
> 어렸을 때에는 야채를 싫어하지 않았습니다.

❶ スチュワーデス、親切(しんせつ)だ

→ ______________________________

스튜어디스는 친절했습니다.

→ ______________________________

스튜어디스는 친절하지 않았습니다.

❷ 音楽(おんがく)、先生(せんせい)、声(こえ)、きれいだ

→ ______________________________

음악 선생님은 목소리가 예뻤습니다.

→ ______________________________

음악 선생님은 목소리가 예쁘지 않았습니다.

❸ 新井(あらい)さん、まじめだ

→ ______________________________

아라이 씨는 성실했습니다.

→ ______________________________

아라이 씨는 성실하지 않았습니다.

ことば 幼(おさな)い : 어리다　頃(ころ) : 무렵　野菜(やさい) : 야채　声(こえ) : 목소리

3. 다음 밑줄 친 부분을 바르게 고쳐보세요.

❶ デパートには お客(きゃく)さんが とても 多(おお)いでした。 기본형 多(おお)い

➜ ____________________

백화점에는 손님이 무척 **많았습니다**.

❷ 昨日(きのう)は お腹(なか)が 痛(いた)いで、大変(たいへん)でした。 기본형 痛(いた)い

➜ ____________________

어제는 배가 **아파서** 힘들었습니다.

❸ 上海(しゃんはい)はきれくて、有名(ゆうめい)な町(まち)です。 기본형 きれいだ

➜ ____________________

상하이는 **예쁘고** 유명한 도시입니다.

❹ 修学旅行(しゅうがくりょこう)は あまり楽(たの)しくなかったでした。 기본형 楽(たの)しい

➜ ____________________

수학여행은 그다지 **즐겁지 않았습니다**.

❺ 青山(あおやま)さんは あまり 素直(すなお)く ありませんでした。 기본형 素直(すなお)だ

➜ ____________________

아오야마 씨는 그다지 **솔직하지** 않았습니다.

ことば

とても : 매우, 무척　　多(おお)い : 많다　　昨日(きのう) : 어제
痛(いた)い : 아프다　　素直(すなお)だ : 솔직하다, 온순하다

4. 일본어로 작문하세요.

❶ 초등학교 때는 축구를 매우 좋아했습니다.
(小学校の 時、サッカー、大好きだ)

➜ ______________________________

❷ 그 공원은 아주 넓었습니다. (その公園、とても、広い)

➜ ______________________________

❸ 어제는 무척 한가했습니다. (昨日、とても、暇だ)

➜ ______________________________

❹ 옛날은 공기가 나쁘지 않았습니다. (昔、空気、悪い)

➜ ______________________________

❺ 그 얘기는 별로 확실하지 않았습니다. (その話、あまり、確だ)

➜ ______________________________

ことば

小学校(しょうがっこう) : 초등학교　　サッカー : 축구
大好(だいす)きだ : 매우 좋아하다　　暇(ひま)だ : 한가하다
昔(むかし) : 옛날　　空気(くうき) : 공기　　悪(わる)い : 나쁘다
話(はなし) : 이야기　　確(たし)かだ : 확실하다

MEMO

06 ビルの 中(なか)に 薬屋(くすりや)が あります

존재표현

존재문

사물이나 사람, 동물이 어디에 있는지 나타낼 때 사용하는 문장표현이다.

	있습니다	없습니다
사물	あります	ありません
사람・동물	います	いません

존재문 뒤에 'か'를 붙이면 '입니까?'라는 뜻의 의문문이 된다.

あります(있습니다)→ありますか(있습니까?)

ありません(없습니다)→ありませんか(없습니까?)

➜ **사물** **は** <장소・위치>**に ある** : ~은/는 ~에 있다

➜ **사람・동물** **は** <장소・위치>**に いる** : ~은/는 ~에 있다

- 区役所(くやくしょ)**は** 学校(がっこう)の そば**に** **あります**。　구청은 학교 옆에 있습니다.
- 木下(きのした)さんの ご家族(かぞく)**は** パリ**に** **います**。　기노시타 씨 가족은 파리에 있습니다.

➜ <장소・위치>**に** 사물 **が ある** : ~에 ~이/가 있다

➜ <장소・위치>**に** 사람・동물 **が いる** : ~에 ~이/가 있다

・ビルの 中(なか)**に** 薬屋(くすりや)**が ありります。** 빌딩 안에 약국이 있습니다.

・鳥(とり)かごの 中(なか)**に** オウム**が います。** 새장 안에 앵무새가 있습니다.

➜ **何(なに)か** / **何(なに)も** : 무언가/아무것도

・A : 机(つくえ)の 中(なか)に **何(なに)か** ありますか 。 책상 속에 무언가 있습니까?

・B1: はい、本(ほん)**が** あります。 네, 책이 있습니다.

・B2: いいえ、**何(なに)も** ありません。 아니요, 아무것도 없습니다.

➜ **誰(だれ)か** / **誰(だれ)も** : 누군가/아무것도

・A : 教室(教室)の 中(なか)に **誰(だれ)か** いますか 。 교실 안에 누군가 있습니까?

・B1: はい、田中(たなか)さん**が** います。 네, 다나카씨가 있습니다.

・B2: いいえ、**誰(だれ)も** いません。 아니요, 아무도 없습니다.

〈위치명사〉

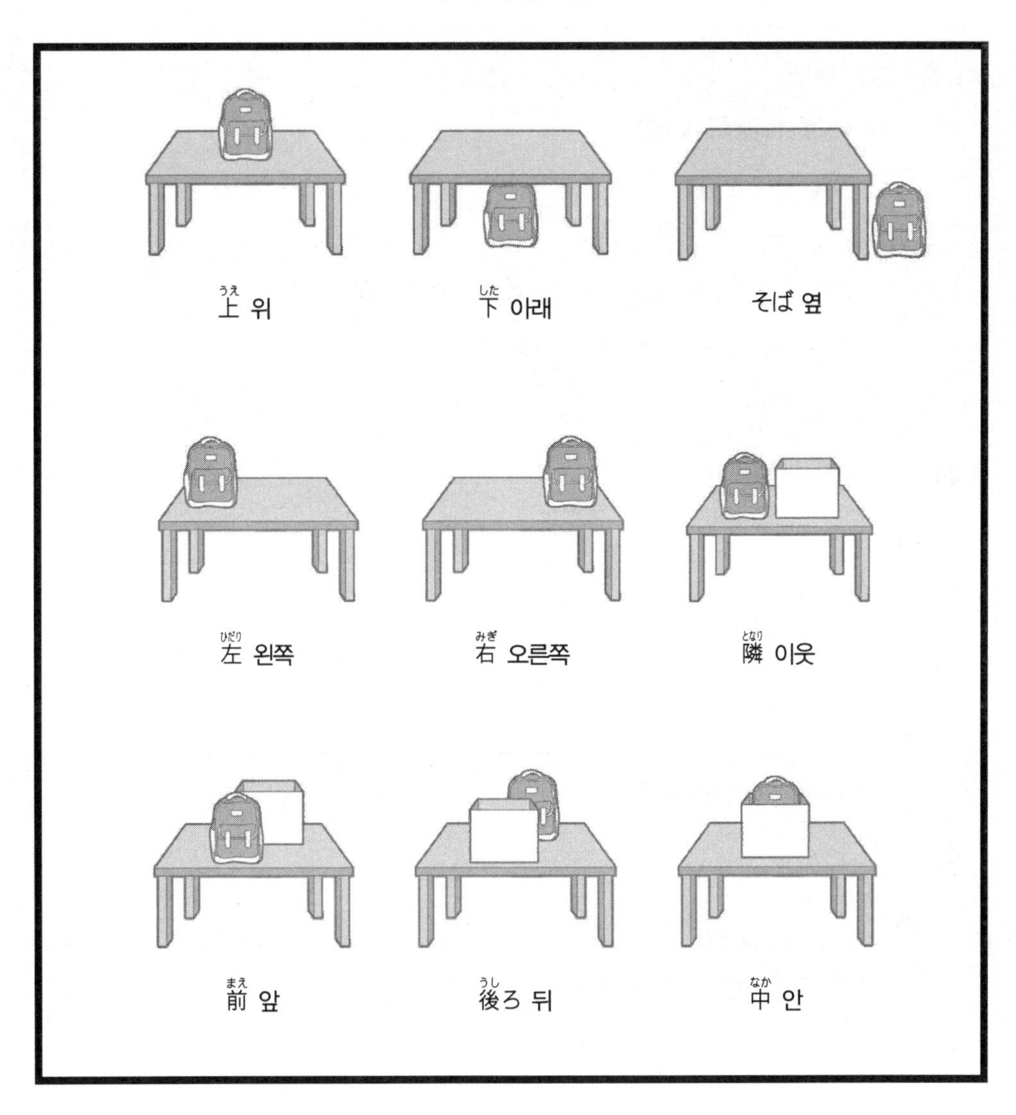

1. 다음 예와 같이 일본어 문장을 만드세요.

> **예** 妹(いもうと)、台所(だいどころ)
> → 妹(いもうと)**は** 台所(だいどころ)**に います**。
> 여동생은 부엌에 있습니다.
> 消(け)しゴム、カット、筆箱(ふでばこ)、中(なか)
> → 消(け)しゴム**と** カット**は** 筆箱(ふでばこ)の 中(なか)**に あります**。
> 지우개와 칼은 필통 안에 있습니다.

❶ お父(とう)さん、お風呂(ふろ)

➜ ______________________________

아버지는 목욕탕에 있습니다.

❷ 犬(いぬ)、庭(にわ)

➜ ______________________________

개는 마당에 있습니다.

❸ 服(ふく)、 たんす、中(なか)

➜ ______________________________

옷은 옷장 안에 있습니다.

❹ ゲームセンター、パン屋(や)、となり

➜ ______________________________

게임센터는 빵집 옆에 있습니다.

ことば

妹(いもうと) : 여동생	台所(だいどころ) : 부엌	~に : ~에(장소)
消(け)しゴム : 지우개	筆箱(ふでばこ) : 필통	お風呂(ふろ) : 목욕탕
庭(にわ) : 정원	たんす : 옷장	ゲームセンター : 게임센터
パン屋 : 빵집	となり : 이웃, 옆	

2. 다음 예와 같이 일본어 문장을 만드세요.

예 公園(こうえん)、子供(こども)、大勢(おおぜい) →	公園(こうえん)**に** 子供(こども)**が** 大勢(おおぜい) **います**。 공원에 아이가 많이 있습니다.
箱(はこ)、中(なか)、お金(かね) →	箱(はこ)の 中(なか)**に** お金(かね)**が** **あります**。 상자 안에 돈이 있습니다.

❶ 冷蔵庫(れいぞうこ)、 中(なか)、 ビール

➜ ______________________________

냉장고 안에 맥주가 있습니다.

❷ 机(つくえ)、下(した)、うさぎ

➜ ______________________________

책상 밑에 토끼가 있습니다.

❸ テーブル、上(うえ)、猫(ねこ)

➜ ______________________________

테이블 위에 고양이가 있습니다.

❹ 私(わたし)、部屋(へや)、ベッド

➜ ______________________________

내 방에는 침대가 있습니다.

ことば	
	大勢(おおぜい) : 사람이 많음, 여럿　箱(はこ) : 상자　冷蔵庫(れいぞうこ) : 냉장고 机(つくえ) : 책상　テーブル : 테이블　猫(ねこ) : 고양이

3. 다음 빈 칸에 적당한 말을 써 넣으세요.

❶ A: 台所(だいどころ)に ________ いますか。 B: 母が います。

(A: 부엌에 **누가** 있습니까? B: 어머니가 계십니다.)

❷ A: 部屋(へや)に ________ いますか。 B: いいえ、誰(だれ)も いません。

(A: 방에 **누군가** 있습니까? B: 아니요. 아무도 없습니다.)

❸ A: 帽子(ぼうし)の 中(なか)に ________ ありますか。 B: いいえ、何も ありません。

(A: 모자 속에 **무언가** 있습니까? B: 아니요. 아무것도 없습니다.)

❹ A: 冷蔵庫(れいぞうこ)の 中(なか)に ________ ありますか。 B: 食(た)べ物(もの)が あります。

(A: 냉장고 속에 **무엇이** 있습니까? B: 먹을 것이 있습니다.)

ことば	帽子(ぼうし) : 모자

4. 일본어로 작문하세요.

❶ 공원 안에 동물원이 있습니다. (公園、中、動物園)

➜ ____

❷ 라면집 옆에는 편의점이 있습니다. (ラーメン屋、となり、コンビニ)

➜ ____

❸ 큰 상자 속에는 아무것도 없습니다. (大きい、箱、中、何)

➜ ____

❹ 자동차 안에 누군가 있습니까. (車、中、誰)

➜ ____

❺ 교실에는 아무도 없습니다. (教室、誰)

ことば

公園(こうえん)：공원　　動物園(どうぶつえん)：동물원　　ラーメン屋(や)：라면집
となり：옆, 이웃　　コンビに：편의점　　教室(きょうしつ)：교실
車(くるま)：자동차

MEMO

07 毎朝(まいあさ) コーヒーを 飲(の)みます

동사 활용 종류와 ます형

일본어 동사는 어미가 'う단(u모음)'으로 끝나고 그 형태에 따라 세 그룹으로 분류된다. 'ます형'이란, 동사가 'ます'와 접속할 때 변화한 형태를 말하며, 그룹별로 활용의 형태가 다르다.

동사활용 종류	형태	ます형
1그룹 동사	• 2그룹과 3그룹 동사를 제외한 모든 동사 • 예외 1그룹 동사 (형태는 2그룹)	**「-u」 → 「-i」+ます** • 買(か)う(u) → 買(か)い(i)+ます • 聞(き)く(ku) → 聞(き)き(ki)+ます • 走(はし)る(ru) → 走(はし)り(ri)+ます
2그룹 동사	• 어미가 る로 끝나고 る앞 글자가 i모음(い단) 혹은 e모음(え단)인 동사	**「る」 → 「~~る~~」+ます** • 見(み)~~る~~ → 見(み)+ます • 食(た)べ~~る~~ → 食(た)+べます
3그룹 동사	• する • 来(く)る	• する → し+ます • 来(く)る → 来(き)+ます

→ **V(ます형) ます / ません** : ~습니다 / ~하지 않습니다

동사의 'ます형'에 'ます/ません'을 붙이면 반복되는 동작, 미래, 의지를 나타내는 정중한 표현이 된다. 飲(の)む(마시다)→飲(の)み**ます**(마십니다)/飲(の)み**ません**(마시지 않습니다)

• 毎朝 コーヒーを 飲み**ます**。　　매일 아침 커피를 마십니다.

• お酒は あまり 飲み**ません**。　　술은 그다지 마시지 않습니다.

➜ V(ます형) ました / ませんでした : ~했습니다 / ~하지 않았습니다

동사의 'ます형'에 'ました/ませんでした'을 붙이면 과거의 동작, 행동을 나타내는 정중한 표현이 된다. 行く(가다) → 行き**ました**(갔습니다) / 行き**ませんでした**(가지 않았습니다)

• ゆうべ お母さんと 映画を 見に 行き**ました**。
  어젯밤 어머니와 영화를 보러 갔습니다.

• 昨日は 勉強し**ませんでした**。
  어제는 공부를 하지 않았습니다.

➜ V(ます형) ませんか / ましょう : ~하지 않겠습니까? / ~합시다

동사의 'ます형'에 'ませんか'를 붙이면 '~하지 않겠습니까?'라는 의미의 상대방의 의사를 묻는 표현, 혹은 권유하는 표현이 된다.

동사의 'ます형'에 'ましょう'를 붙이면 '~합시다'라는 의미의 적극적인 권유표현이 된다. 상대방의 권유에 대한 승낙 표현으로 사용할 수 있다.

飲む(마시다) → 飲み**ます**(마십니다) / 飲み**ません**(마시지 않습니다)

• A : 一緒に 歌い**ませんか**。　　함께 노래하지 않을래요?

• B1: ええ、歌い**ましょう**。　　네, 노래합시다.

• B2: すみません。ちょっと…。　　죄송합니다. 조금...

1. 다음 문장을 예와 같이 정중체로 바꾸세요.

예 音楽(おんがく)を 聞(き)く。 → 音楽(おんがく)を 聞(き)き**ます**。
음악을 듣는다. 음악을 듣습니다.

❶ 試合(しあい)に 勝(か)つ。 ➜ ______________________

시합에 이기다. 시합에 이깁니다.

❷ テニスを する。 ➜ ______________________

테니스를 치다. 테니스를 칩니다.

❸ 青山(あおやま)さんが 来(く)る。 ➜ ______________________

아오야마씨가 오다. 아오야마씨가 옵니다.

❹ 日本語で 話(はな)す ➜ ______________________

일본어로 이야기하다. 일본어로 이야기합니다.

❺ 写真(しゃしん)を とる。 ➜ ______________________

사진을 찍다. 사진을 찍습니다.

ことば

試合(しあい) : 시합　勝(か)つ : 이기다　テニス : 테니스
来(く)る : 오다　話(はな)す : 말하다　写真(しゃしん) : 사진
撮(と)る : 찍다

2. 다음 예와 같이 일본어 문장을 만드세요.

예 家(うち)、音楽(おんがく)、聞(き)く → 家(うち)で 音楽(おんがく)を 聞(き)き**ます**。(聞(き)き**ません**) 집에서 음악을 듣습니다.

❶ 学校(がっこう)、日本語(にほんご)、話(はな)す

➜ ______________________________

학교에서는 일본어로 이야기합니다.

❷ 毎日(まいにち)、プール、泳(およ)ぐ

➜ ______________________________

매일 수영장에서 수영합니다.

❸ 友(とも)だち、メール、送(おく)る

➜ ______________________________

친구에게 메일을 보냅니다.

ことば			
	聞(き)く : 듣다	毎日(まいにち) : 매일	プール : 수영장
	泳(およ)ぐ : 수영하다	メール : 메일	送(おく)る : 보내다

3. 다음 예와 같이 일본어 문장을 만드세요.

예 皆(みんな)、一緒(いっしょ)に、踊(おど)る → A: 皆(みんな)で 一緒(いっしょ)に 踊(おど)り**ませんか**。
모두 함께 춤추지 않을래요?
→ B: はい、踊(おど)り**ましょう**。
네, 춤을 춥시다.

❶ 一緒(いっしょ)に、テニス、する

➜ A: ____________________
함께 테니스를 치지 않을래요?

➜ B: ____________________
네, 칩시다.

❷ 一緒(いっしょ)に、写真(しゃしん)、とる。

➜ A: ____________________
함께 사진을 찍지 않을래요?

➜ B: ____________________
네, 찍읍시다.

❸ 明日(あした)、映画(えいが)、見(み)に 行(い)く

➜ A: ____________________
내일 영화 보러 가지 않을래요?

➜ B: ____________________
네, 보러 갑시다.

ことば

一緒(いっしょ)に : 함께　　踊(おど)る : 춤추다
明日(あした) : 내일　　~に 行(い)く : ~하러 가다

4. 일본어로 작문하세요.

❶ 매일 밤 일본 드라마를 봅니다. (毎晩(まいばん)、日本(にほん)、ドラマ、見(み)る)

➜ ______________________________

❷ 어제 시합에서 이겼습니다. (試合(しあい)、勝(か)つ)

➜ ______________________________

❸ 휴일은 일하지 않습니다. (休(やす)み、働(はたら)く)

➜ ______________________________

❹ 스기우라씨는 파티에 오지 않았습니다. (杉浦(すぎうら)、パーティー、来(く)る)

➜ ______________________________

❺ A: 스즈키씨, 내일 야구를 보러 가지 않을래요? B: 네, 보러 갑시다.
(鈴木(すずき)、明日(あした)、野球(やきゅう)、見(み)に行(い)く)

➜A: ______________________________

B: ______________________________

ことば		
毎晩(まいばん) : 매일 밤	ドラマ : 드라마	休(やす)み : 휴일
働(はたら)く : 일하다	野球(やきゅう) : 야구	

08 毎日(まいにち) シャワーを 浴(あ)びて 寝(ね)ます

동사 て형 · た형

て형

'て형'이란, 동사가 'て'와 접속할 때의 어미 변화 형태를 말한다.

1그룹 동사는 어미의 종류에 따라 활용 형태가 달라지며, 2그룹 동사, 3그룹 동사는 'ます형'과 'て형'의 형태가 같다.

동사 て형			
1그룹 동사	ーく	→ ー**い** + て	書(か)**く** → 書(か)**い** + て *行(い)**く** → 行(い)**っ** + て
	ーぐ	→ ー**い** + で	急(いそ)**ぐ** → 急(いそ)**い** + で
	ーう、ーつ、ーる	→ ー**っ** + て	売(う)**る** → 売(う)**っ** + て
	ーぬ、ーむ、ーぶ	→ ー**ん** + で	呼(よ)**ぶ** → 呼(よ)**ん** + で
	ーす	→ ー**し** + て	話(はな)**す** → 話(はな)**し** + て
2그룹 동사	「ーi+る」 「ーe+る」	→ ー**る** + て	寝(ね)**る** → 寝(ね) + て
3그룹 동사	する 来(く)る	→ **し** + て → **来**(き) + て	

➜ V(て형) **て** : ~하고, ~해서

동사의 'て형'에 'て'를 붙이면 '~하고, ~해서'라는 의미의 연결표현이 되며, 순차동작, 이유, 동작의 병렬, 부대상황 등 다양한 의미로 사용된다.

- 毎日(まいにち) シャワーを 浴(あ)び**て** 寝(ね)ます。　　매일 샤워를 하고 잡니다.
- 朝(あさ)ねぼうを し**て** 学校(がっこう)に 遅(おく)れました。　　늦잠을 자서 학교에 늦었습니다.

➜ V(て형) **てから** : ~하고 (나서)

동사의 'て형'에 'てから'를 붙이면 '~하고 나서'라는 의미의 전후관계를 나타내는 표현이 된다. 이 표현은 반드시 앞의 행위를 먼저 한다는 것을 강조할 때 사용하는 표현이다.

- 手(て)を 洗(あら)っ**てから**、ご飯(はん)を 食(た)べます。　　손을 씻고 나서 밥을 먹습니다.

➜ V(た형) **た** : ~했다

'た형'이란, 동사가 'た'와 접속할 때의 어미 변화 형태를 말하는데, 'て형'과 그 형태가 같다. 동사의 'た형'에 'た'를 붙이면 '했다/~한'이라는 의미의 과거긍정 보통체 표현이 된다. 行(い)**く**→行(い)**っ**+た = 行(い)った(갔다, 간)

- 昨日(きのう) 友(とも)だちと スポーツセンターへ 行(い)っ**た**。
  어제 친구와 스포츠센터에 갔다.

➜ V(た형) **たり** V(た형) **たり する** : ~하기도 하고 ~하기도 합니다

여러 가지 일 중 2, 3가지를 예를 들어서 설명할 때 사용하는 표현이다.

- パーティーでは 踊(おど)っ**たり** 歌(うた)っ**たり します**。
  파티에서는 춤을 추기도 하고 노래를 하기도 합니다.

1. 다음 예와 같이 일본어 문장을 만드세요.

> **예** **ホテル**、戻る、少し、休む
>
> → ホテルに <u>戻**って**</u>、 少し <u>休ん**だ**</u>。
>
> 호텔에 돌아가서 조금 쉬었다.

❶ スーパー、買い物、する、家、帰る

➜ ______________________________

슈퍼마켓에서 장을 보고 집에 돌아왔다.

❷ 昨日、風邪を ひく、学校、休む

➜ ______________________________

어제 감기에 걸려서 학교를 쉬었다.

❸ 帽子、かぶる、学校、行く

➜ ______________________________

모자를 쓰고 학교에 갔다.

ことば		
	戻(もど)る : 돌아오(가)다	スーパー : 슈퍼마켓
	帰(かえ)る : 돌아오(가)다	風邪(かぜ)を ひく : 감기에 걸리다
	休(やす)む : 쉬다	かぶる : (모자를)쓰다

2. 다음 예와 같이 일본어 문장을 만드세요.

예 お風呂(ふろ)、入(はい)る、テレビ、見(み)る

→ お風呂(ふろ)に 入(はい)っ**てから** テレビを 見(み)**ます**。

목욕을 하고 나서 TV를 봅니다.

❶ コート、脱(ぬ)ぐ、部屋(へや)、入(はい)る

➜ ____________________

코트를 벗고 나서 방에 들어갑니다.

❷ 仕事(しごと)を する、ビール、飲(の)む

➜ ____________________

일을 하고 나서 맥주를 마십니다.

❸ お金(かね)、入(い)れる、ボタン、押(お)す

➜ ____________________

돈을 넣고 나서 버튼을 누릅니다.

ことば

コート : 코트	脱(ぬ)ぐ : 벗다	ビール : 맥주
入(い)れる : 넣다	ボタン : 버튼	押(お)す : 누르다

3. 다음 예와 같이 일본어 문장을 만드세요.

> **예** A: 日曜日(にちようび)は 何(なに)を しますか。 일요일은 무엇을 합니까?
>
> B: 本、読(よ)む、テレビ、見(み)る
>
> → 本(ほん)を 読(よ)ん**だり** テレビを 見(み)**たり します**。
> 책을 읽거나 TV를 보거나 합니다.

❶ カラオケ、行(い)く、お酒(さけ)、飲(の)む

➜ ______________________________

가라오케에 가거나 술을 마시거나 합니다.

❷ 掃除(そうじ)、洗濯(せんたく)

➜ ______________________________

청소를 하거나 세탁을 하거나 합니다.

❸ 映画(えいが) 見(み)る、買(か)い物(もの)

➜ ______________________________

영화를 보거나 쇼핑을 하거나 합니다.

ことば

テレビ : 텔레비전	読(よ)む : 읽다	掃除(そうじ) : 청소
洗濯(せんたく) : 세탁	買(か)い物(もの) : 쇼핑	カラオケ : 노래방
お風呂(ふろ)に 入(はい)る : 목욕하다		

4. 다음 밑줄 친 부분을 바르게 고쳐보세요.

❶ お風呂(ふろ)に 入(はい)りてから 友(とも)だちに 電話(でんわ)を かけました。 기본형 入(はい)る

➜ ______________________________

목욕을 **하고 나서** 친구에게 전화를 걸었습니다.

❷ 本(ほん)を 読(よ)みて いつも 感想文(かんそうぶん)を 書(か)きます。 기본형 読(よ)む

➜ ______________________________

책을 **읽고** 항상 감상문을 씁니다.

❸ レポートを 書(か)きいてから コンピュータゲームを します。 기본형 書(か)く

➜ ______________________________

리포트를 **쓰고 나서** 컴퓨터 게임을 합니다.

❹ お腹(なか)が 空(す)きて ラーメンを 食(た)べました。 기본형 空(す)く

➜ ______________________________

배가 **고파서** 라면을 먹었습니다.

❺ 薬(くすり)を 飲(の)みて 寝(ね)ました。 기본형 飲(の)む

➜ ______________________________

약을 **먹고** 잤습니다.

ことば	
	感想文(かんそうぶん) : 감상문　　コンピュータゲーム : 컴퓨터 게임
	お腹(なか)が 空(す)く : 배가 고프다　　薬(くすり) : 약　　寝(ね)る : 자다

5. 일본어로 작문하세요.

❶ 그를 만나고 나서 그녀의 인생은 달라졌습니다. (出会(であ)う、人生(じんせい)、変(か)わる)

➜ ______________________________

❷ 교토에 가서 유명한 축제를 봤습니다. (京都(きょうと)、有名(ゆうめい)だ、お祭(まつ)り、見(み)る)

➜ ______________________________

❸ 매일 아침 샤워를 하고 회사에 갑니다. (毎朝(まいあさ)、シャワーを 浴(あ)びる、会社(かいしゃ))

➜ ______________________________

❹ 점심시간에는 축구를 하거나 야구를 하기도 합니다. (昼休(ひるやす)み、サッカー、野球(やきゅう))

➜ ______________________________

❺ 드라마를 보고 웃기도 하고 울기도 합니다. (ドラマ、笑(わら)う、泣(な)く)

➜ ______________________________

ことば		
出会(であ)う : 만나다	人生(じんせい) : 인생	変(か)わる : 변하다
お祭(まつ)り : 축제	シャワーを 浴(あ)びる : 샤워하다	
昼休(ひるやす)み : 점심시간	笑(わら)う : 웃다	泣(な)く : 울다

MEMO

09 新(あたら)しい スマートフォンが ほしいです

희망표현, ます형 활용 구문

➜ V(ます형) **ながら** : ~하면서(동시동작)

동사의 'ます형'에 'ながら'를 붙이면 '~하면서'라는 의미의 동시 동작 표현이 된다.

- コーヒーを 飲(の)み**ながら** テレビを 見(み)ます。
  커피를 마시면서 TV를 봅니다.

➜ N **が/を** V(ます형) **たい** : ~을/를 ~하고 싶다

동사의 'ます형'에 'たい'를 붙이면 화자의 희망표현이 되며, い형용사와 같이 활용한다. (-たい / -たくない / -たかった / -たくなかった)

- 水(みず)が 飲(の)み**たいです**。 물을 마시고 싶습니다.

➜ N **を** V(ます형) **たがる** : ~을/를 ~하고 싶어 하다 [제3자]

동사의 'ます형'에 'たがる'를 붙이면 3인칭의 희망표현이 되며, 1그룹동사와 같이 활용한다. 현재의 개인적인 희망일 경우 'たがって いる'의 형태로 사용한다.

- 細田(ほそだ)さんは ヨーロッパに 行(い)き**たがって います**。
  호소다씨는 유럽에 가고 싶어 합니다.

→ N **が ほしい**: ~을/를 갖고 싶다

'ほしい'는 화자가 사물, 사람 등을 소유하고 싶다는 희망을 나타내는 い형용사이다.

- 新(あたら)しい スマートフォン**が ほしい**です。 새로운 스마트폰을 갖고 싶습니다.
- 彼氏(かれし)**が ほしい**です。 남자친구가 있었으면 좋겠습니다.

→ N **を ほしがる**: ~을/를 갖고 싶어 하다 [제3자]

'ほしがる'는 3인칭의 소유 희망을 나타내는 1그룹 동사이다. 현재의 개인적인 희망일 경우 ほしがって いる의 형태로 사용한다.

- 村上(むらかみ)さんは 新(あたら)しい ハンドバッグ**を ほしがって います**。

  무라카미씨는 새로운 핸드백을 갖고 싶어 합니다.

→ V(て형) **て ほしい** : ~하기 바란다/ ~해 주었으면 한다

'て ほしい'는 다른 사람에 대한 희망, 요구를 나타내는 표현이다.

- もう 少(すこ)し 頑張(がんば)っ**て ほしい**です。 조금 더 힘내주길 바랍니다.
- ちょっと 手伝(てつだ)っ**て ほしい**です。 잠깐 도와주길 바랍니다.

1. 다음 예와 같이 일본어 문장을 만드세요.

예 歌(うた)、歌(うた)う、運転(うんてん)する → 歌を 歌(うた)い**ながら** 運転(うんてん)し**ます**。 노래를 부르면서 운전합니다.

❶ お茶(ちゃ)、飲(の)む、お菓子(かし)、食(た)べる → ______________

차를 마시면서 과자를 먹습니다.

❷ 音楽(おんがく)、聞(き)く、大掃除(おおそうじ)、する → ______________

음악을 들으면서 대청소를 합니다.

❸ ギター、ひく、歌(うた)う → ______________

기타를 치면서 노래합니다.

2. 다음 예와 같이 일본어 문장을 만드세요.

예 家(うち)、帰(かえ)る、休(やす)む → 家(うち)に 帰(かえ)って 休(やす)み**たい**です。 집에 돌아가서 쉬고 싶습니다.

❶ 京都(きょうと)、金閣寺(きんかくじ)、行(い)く → ______________

교토 금각사에 가고 싶습니다.

❷ 会社(かいしゃ)、やめる → ______________

회사를 그만두고 싶습니다.

❸ 猫(ねこ)、ご飯(はん)、食(た)べる → ______________

고양이가 밥을 먹고 싶어 합니다.

ことば			
	お茶(ちゃ)：차	お菓子(かし)：과자	大掃除(おおそうじ)：대청소
	ギター：기타	京都(きょうと)：교토(平安시대의 수도)	
	金閣寺(きんかくじ)：금각사	やめる：그만두다	猫(ねこ)：고양이

3. 다음 예와 같이 일본어 문장을 만드세요.

예 新型(しんがた)、スマートフォン	→	新型(しんがた)のスマートフォン**が ほしいです。** 신형 스마트폰을 갖고 싶습니다.
大(おお)きな 夢(ゆめ)、持(も)つ	→	大(おお)きな 夢(ゆめ)を 持(も)っ**て ほしいです。** 큰 꿈을 갖길 바랍니다.

❶ かわいい、ペット → ______________________

귀여운 애완동물을 갖고 싶습니다.

❷ 毎日(まいにち)、部屋(へや)、掃除(そうじ)する → ______________________

매일 방을 청소해 주길 바랍니다.

❸ マスク、つける → ______________________

마스크를 써주길 바랍니다.

ことば

新型(しんがた) : 신형　スマートフォン(スマホ) : 스마트폰　夢(ゆめ) : 꿈
かわいい : 귀엽다　ペット : 애완동물　マスク : 마스크

4. 다음 밑줄 친 부분을 바르게 고치세요.

❶ 彼(かれ)は いつも 新(あたら)しい 仕事(しごと)を したいです。　기본형 する

➜ ____________________

그는 항상 새로운 일을 **하고 싶어 합니다**.

❷ 吉田(よしだ)さんは 韓国(かんこく)へ 旅行(りょこう)に 来(き)たいです。　기본형 来(く)る

➜ ____________________

요시다씨는 한국에 여행 **오고 싶어 합니다**.

❸ 私は 将来(しょうらい)、アナウンサーに なりたがって います。　기본형 なる

➜ ____________________

나는 장래 아나운서**가 되고 싶습니다**.

❹ 弟は おもちゃが ほしいです。　기본형 ほしい

➜ ____________________

남동생은 장난감**을 갖고 싶어 합니다**.

❺ 一度(いちど)だけ 検討(けんとう)する ほしいです。　기본형 検討(けんとう)する

➜ ____________________

한 번만 **검토해주길 바랍니다**.

ことば		
いつも : 항상	旅行(りょこう) : 여행	将来(しょうらい) : 장래
アナウンサー : 아나운서	おもちゃ : 장난감	検討(けんとう)する : 검토하다

5. 일본어로 작문하세요.

❶ 매일 아침 아침밥을 먹으며 뉴스를 봅니다. (毎朝(まいあさ)、朝(あさ)ごはん、ニュース、見(み)る)

➜ ______________________________

❷ 식사를 하면서 이야기합시다. (食事(しょくじ)、話(はな)す)

➜ ______________________________

❸ 일본 TV 드라마가 보고 싶습니다. (TVドラマ、見(み)る)

➜ ______________________________

❹ 야마다씨는 애완동물을 기르고 싶어 합니다. (ペット、飼(か)う)

➜ ______________________________

❺ 아버지는 골프세트를 갖고 싶어 합니다. (ゴルフセット)

➜ ______________________________

ことば

ニュース : 뉴스	食事(しょくじ) : 식사	ペット: 애완동물
飼(か)う : 기르다	ゴルフセット : 골프세트	

10 映画(えいが)を 見(み)た 後(あと)で ビールを 飲(の)みました

시간관계 표현

➜ [V(기본형)] / [N] の+**前(まえ)に** : ~하기 전에

- 学校(がっこう)に 行(い)く **前(まえ)に**、いつも 新聞(しんぶん)を 読(よ)みます。
  학교에 가기 전에 항상 신문을 읽습니다.

- 食事(しょくじ)の **前(まえ)に**、手(て)を 洗(あら)います。
  식사 전에 손을 씻습니다.

➜ [V(た형)] **た** / [N] の+**後(あと)(で)** : ~한 후에

- 映画(えいが)を 見(み)**た** **後(あと)で**、ビールを 飲(の)みました。
  영화를 본 후에 맥주를 마셨습니다.

- 食事(しょくじ)の **後(あと)で**、散歩(さんぽ)しませんか。
  식사 후에 산책하지 않을래요?

➜ V(기본형) **時**(とき) : ~할 때

・フランス人(じん)は 食事(しょくじ)を <u>する</u> **時**(とき)、フォークと ナイフを 使(つか)います。
프랑스인은 식사를 할 때 포크와 나이프를 사용합니다.

➜ V(た형) **た時**(とき) : ~했을 때

・初(はじ)めて 日本語(にほんご)を <u>話(はな)し</u>**た 時**(とき)、胸(むね)が どきどき しました。
처음 일본어를 말했을 때 가슴이 두근거렸습니다.

1. 다음 예와 같이 일본어 문장을 만드세요.

> 예 泳(およ)ぐ、準備運動(じゅんびうんどう)する → 泳(およ)ぐ **前(まえ)に** 準備運動(じゅんびうんどう)を しま**す**。
> 헤엄치기 전에 준비운동을 합니다.
>
> 예 夕食(ゆうしょく)、運動(うんどう)、する → 夕食(ゆうしょく)**の** **前(まえ)に** 運動(うんどう)を し**ます**。
> 저녁 식사 전에 운동을 합니다.

❶ 寝(ね)る、歯(は)、磨(みが)く

➜ ____________________

자기 전에 이를 닦습니다.

❷ 掃除(そうじ)、する、窓(まど)、開(あ)ける

➜ ____________________

청소를 하기 전에 창문을 엽니다.

❸ 授業(じゅぎょう)、予習(よしゅう)、する

➜ ____________________

수업 전에 예습을 합니다.

ことば	準備運動(じゅんびうんどう)：준비운동　歯(は)：이, 치아　磨(みが)く：닦다 開(あ)ける：열다　予習(よしゅう)：예습

2. 다음 예와 같이 일본어 문장을 만드세요.

예 朝ごはん、食べる、犬、散歩する

→ 朝ごはんを 食べ**た 後で**、犬と 散歩し**ます**。

아침밥을 먹은 후에 개와 산책합니다.

예 散歩、会社、行く

→ 散歩**の 後で**、会社に 行き**ます**。

산책 후에 회사에 갑니다.

❶ お風呂、入る、ビール、飲む

➜ ______________________________

목욕을 한 후에 맥주를 마십니다.

❷ 勉強、する、ゲーム

➜ ______________________________

공부를 한 후에 게임을 합니다.

❸ 運動、シャワー、浴びる

➜ ______________________________

운동 후에 샤워를 합니다.

ことば

散歩(さんぽ)する : 산책하다
運動(うんどう) : 운동
勉強(べんきょう)する : 공부하다
シャワーを 浴(あ)びる : 샤워를 하다

3. 다음 예와 같이 일본어 문장을 만드세요.

예 寝(ね)る、時(とき)、眼鏡(めがね)、外(はず)す → 寝(ね)る **時(とき)は** 眼鏡(めがね)を 外(はず)し**ます**。 잘 때는 안경을 벗습니다. 예 彼女(かのじょ)、会(あ)う、一目惚(ひとめぼ)れする → 彼女(かのじょ)に 会(あ)**った** **時(とき)** 一目惚(ひとめぼ)れし**ました**。 그녀를 만났을 때 한눈에 반했습니다.

❶ 本(ほん)、読(よ)む、眼鏡(めがね)、かける

➜ ______________________________

책을 읽을 때는 안경을 씁니다.

❷ お酒(さけ)、飲(の)む、運転(うんてん)する

➜ ______________________________

술을 마셨을 때에는 운전하지 않습니다.

❸ コンパ、行(い)く、お酒(さけ)、たくさん、飲(の)む

➜ ______________________________

친목파티에 갔을 때 술을 많이 마셨습니다.

ことば 眼鏡(めがね)：안경　外(はず)す：벗다　一目(ひとめ)惚(ぼ)れ：한눈에 반함
お酒(さけ)：술　運転(うんてん)する：운전하다　コンパ：친목파티

4. 다음 밑줄 친 부분을 바르게 고쳐보세요.

❶ 夜に なった 前に、家へ 帰りましょう。　기본형 なる

→ ______________________________

밤이 되기 전에 집에 돌아갑시다.

❷ 家を 買った 時は、銀行から お金を 借ります　기본형 買う

→ ______________________________

집을 **살 때**는 은행에서 돈을 빌립니다.

❸ パーティーが 終わる 後で、部屋を 片付けます。　기본형 終わる

→ ______________________________

파티가 **끝난 후에** 방을 정리합니다.

❹ 食事を する 後は、必ず 歯を 磨きましょう。　기본형 する

→ ______________________________

식사를 **한 후에는** 반드시 이를 닦읍시다.

❺ トイレに 入った 時は、トイレの スリッパを 履きます。　기본형 入る

→ ______________________________

화장실에 **들어갈 때는** 슬리퍼를 신습니다.

ことば		
パーティー : 파티	片付(かたづ)ける : 정리하다	磨(みが)く : 닦다
スリッパ : 슬리퍼	履(は)く : 신다	

5. 일본어로 작문하세요.

❶ 화장실에 들어가기 전에 노크합니다. (トイレ、入(はい)る、ノックする)

→ ______________________________

❷ 선생님과 상담한 후에 결정하고 싶습니다. (先生(せんせい)、相談(そうだん)する、決(き)める)

→ ______________________________

❸ 계란을 섞은 뒤에 우유와 치즈를 넣습니다.
(玉子(たまご)、混(ま)ぜる、ミルク、チーズ、入(い)れる)

→ ______________________________

❹ 홋카이도에 갔을 때 눈 축제를 봤습니다. (北海道(ほっかいどう)、雪(ゆき)まつり)

→ ______________________________

❺ 길을 잃었을 때는 파출소에 갑니다. (道(みち)に 迷(まよ)う、交番(こうばん))

→ ______________________________

ことば

ノックする：노크하다	相談(そうだん)：상담	決(き)める：결정하다
玉子(たまご)：계란	ミルク：우유	チーズ：치즈
混(ま)ぜる：섞다	入(い)れる：넣다	雪(ゆき)まつり：눈축제
道(みち)に 迷(まよ)う：길을 잃다	交番(こうばん)：지구대 파출소	

MEMO

11 ここに お名前(なまえ)を 書(か)いて ください

의뢰 · 명령표현 · ない형

➜ N (を) ください : ~(을/를) 주세요

・すみません、メニュー**を ください**。

여기요, 메뉴 주세요.

➜ V(て형) て ください : ~해 주세요

동사의 'て형'에 'て ください'를 붙이면 의뢰, 권유, (가벼운) 지시 표현이 된다.

・電気(でんき)を 消し**て ください**。
불을 꺼 주세요.

・ここに お名前(なまえ)を 書い**て ください**。
여기에 성함을 써 주세요.

➜ V(ます형) なさい : ~해라, ~하세요

동사의 'ます형'에 'なさい'를 붙이면 '~해라, ~하시오'라는 의미의 명령 표현이 된다. 이 표현은 주로 부모가 자식에게, 선생님이 학생에게 사용한다.

・今日(きょう)は 部屋(へや)を 掃除(そうじ)し**なさい**。 오늘은 방을 청소해라.

ない형

동사에 ‘ない’를 접속하면 ‘~지 않다, ~지 않을 것이다’라는 부정 표현이 되며, 이 때 동사 활용 형태를 ‘ない형’이라고 한다.

동사활용 종류	ない형
1그룹 동사	**「−u」 → 「−a」 + ない** 聞(き)く(ku) → 聞(き)か(ka) + ない 飲む(mu) → 飲ま(ma) + ない 走(はし)る(ru) → 走(はし)ら(ra) + ない **＊ −う → わ + ない** 買(か)う → 買(か)わ + ない **＊ ある → ない**
2그룹 동사	**「る」 → 「~~る~~」 + ない** 見(み)~~る~~ → 見(み) + ない 食(た)べ~~る~~ → 食(た)べ + ない
3그룹 동사	する → **し** + ない 来(く)る → **来(こ)** + ない

➜ V(ない형) **ないで** : ~하지 않고, ~하지 않은 채로

동사의 'ない형'에 'ないで'를 붙이면 '~하지 않고, ~ 하지 않은 채로'라는 부정의 연결 표현이 된다.

- 会社(かいしゃ)へ 行(い)か**ないで**、家(うち)で 仕事(しごと)を します。
  회사에 가지 않고 집에서 일을 합니다.

➜ V(ない형) **ないで ください** : ~지 말아주세요

동사의 'ない형'에 를 'ないで ください'붙이면 어떤 행동을 하지 않도록 부탁하거나 금지하는 표현이 된다.

- ここで 写真(しゃしん)を 撮(と)ら**ないで ください**。
  여기에서 사진을 찍지 말아 주세요.

1. 다음 예와 같이 일본어 문장을 만드세요.

> **예** ビール、焼(や)き鳥(とり)→ ビールと 焼(や)き鳥(とり)**(を) ください。**
> 맥주와 닭꼬치를 주세요.

❶ コーヒー、アイスティー → ____________________
커피와 아이스티를 주세요.

❷ スパゲッティ、緑茶(りょくちゃ)アイスクリーム → ____________________
스파게티와 녹차 아이스크림 주세요.

❸ この、青(あお)い、傘(かさ)、二(ふた)つ → ____________________
이 파란 우산을 두 개 주세요.

2. 다음 예와 같이 일본어 문장을 만드세요.

> **예** 電気(でんき)、つける → 電気(でんき)を つけ**てください。**
> 불을 켜주세요.

❶ テキスト、15(じゅうご)ページ、開(あ)ける → ____________________
교재 15페이지를 펴 주세요.

❷ この 道(みち)、まっすぐ、行(い)く → ____________________
이 길을 똑바로 가 주세요.

❸ すみませんが、テレビ、消(け)す → ____________________
죄송한데 TV를 꺼 주세요.

ことば			
	コーヒー：커피	アイスティー：아이스티	スパゲッティ：스파게티
	緑茶(りょくちゃ)アイスクリーム：녹차아이스크림		傘(かさ)：우산
	まっすぐ：똑바로, 곧장	消(け)す：끄다	

3. 다음 예와 같이 일본어 문장을 만드세요.

> 예 手(て)、洗(あら)う → 手(て)を 洗(あら)い**なさい**。
> 손을 씻어라.

❶ 早(はや)く、帰(かえ)る、休(やす)む → ________
빨리 돌아가 쉬어라.

❷ 勉強(べんきょう)、第一(だいいち)に する → ________
공부를 최우선으로 해라.

❸ 朝(あさ)ごはん、ちゃんと、食(た)べる → ________
아침밥은 제대로 먹어라

4. 다음 예와 같이 일본어 문장을 만드세요.

> 예 そこ、車(くるま)、止(と)める → そこに 車(くるま)を 止(と)め**ないで ください**。
> 거기에 차를 세우지 말아 주세요.

❶ 会議(かいぎ)、遅刻(ちこく)する → ________
회의에 지각하지 말아 주세요.

❷ ここ、ごみ、捨(す)てる → ________
여기에 쓰레기를 버리지 말아 주세요.

❸ 熱(ねつ)が ある 時(とき)、お風呂(ふろ)、入(はい)る → ________
열이 있을 때 목욕하지 말아 주세요.

ことば

第一(だいいち)に する : 최우선으로 하다　ちゃんと : 정확히, 제대로
止(と)める : 멈추다, 세우다　会議(かいぎ) : 회의
遅刻(ちこく)する : 지각하다　ごみ : 쓰레기　捨(す)てる : 버리다
熱(ねつ)がある : 열이 있다

5. 다음 밑줄 친 부분을 바르게 고쳐보세요.

❶ 食事(しょくじ)の 後(あと)で この 薬(くすり)を 飲(の)んて ください。 기본형 飲(の)む

➜ ____________________

식사 후에 이 약을 **먹어 주세요**.

❷ 外(そと)に 出(で)らないで 家(うち)に いなさい。 기본형 出(で)る

➜ ____________________

밖에 **나가지 말고** 집에 있어라.

❸ 分(わ)からない 言葉(ことば)は 辞書(じしょ)を 引(ひ)きて ください。 기본형 引(ひ)く

➜ ____________________

모르는 말은 사전을 **찾아 주세요**.

❹ 体(からだ)に よく ないから たばこは 吸(す)あないで ください。 기본형 吸(す)う

➜ ____________________

몸에 좋지 않으니까 담배를 **피우지 말아 주세요**.

❺ 授業中(じゅぎょうちゅう)に あくびを しなくて ください。 기본형 する

➜ ____________________

수업 중에 하품을 **하지 말아 주세요**.

ことば	辞書(じしょ)をひく : 사전을 찾다　　たばこを吸(す)う : 담배를 피우다 あくび : 하품

6. 일본어로 작문하세요.

❶ 여기요. 라면하고 만두 주세요. (ラーメン、餃子(ぎょうざ))

➜ ____________________

❷ 여기에 성함과 전화번호를 써 주세요. (ここ、お名前(なまえ)、電話番号(でんわばんごう)、書(か)く)

➜ ____________________

❸ 큰 부상이 아닙니다. 걱정하지 말아 주세요. (大(おお)けが、心配(しんぱい)する)

➜ ____________________

❹ 부끄러워하지 말고 큰소리로 대답해 주세요.

(照(て)れる、大(おお)きい、声(こえ)、答(こた)える)

➜ ____________________

❺ 고기만 먹지 말고 야채도 먹어라. (肉(にく)、ばかり、食(た)べる、野菜(やさい))

➜ ____________________

ことば	ラーメン：라면　餃子(ぎょうざ)：만두　電話番号(でんわばんごう)：전화번호 大(おお)けが：큰 부상　心配(しんぱい)する：걱정하다　照(て)れる：부끄러워하다 答(こた)える：대답하다　肉(にく)：고기　野菜(やさい)：야채

MEMO

12 日本語(にほんご)で メールが 書(か)けます

가능표현

일본어 가능 표현에는 1) 동사의 기본형+ことが できる, 2) 가능형 동사, 형태가 있다.

➜ V(기본형) **ことが できる**: ~할 수 있다

동사의 '기본형'에 'ことが できる'를 붙이면 '~할 수 있다'는 의미의 '가능 표현'이 된다.

妹(いもうと)は マフラーを 編(あ)む **ことが できます**。

여동생은 머플러를 뜰 수 있습니다.

➜ N **が できる**: N을 할 수 있다

'외국어, 스포츠, 악기' 등을 나타내는 명사나 '명사+する(料理する)'동사의 명사 부분에 'が できる'를 붙이면 '~을/를 할 수 있다'는 의미의 가능표현이 된다.

- 大山(おおやま)さんは 中国語(ちゅうごくご)**が できます**。　오야마 씨는 중국어를 할 수 있습니다.
- 前田(まえだ)さんは スキー**が 上手(じょうず)です**。　마에다 씨는 스키를 잘 탑니다.

→ **V(가능형)**

일본어 동사의 '가능형'은 다음과 같이 그룹별로 활용 형태가 다르며, 원 문장의 조사 **を**가 **が**로 바뀌는 경우가 많으니 주의할 것.(手紙(てがみ)**を** 書(か)く→手紙(てがみ)**が** 書(か)ける)

동사활용 종류	가능형
1그룹 동사	**「−u」 → 「−e」 + る** 聞(き)く(ku) → 聞(き)け(ke)+る 飲む(mu) → 飲め(me)+る 走(はし)る(ru) → 走(はし)れ(re)+る
2그룹 동사	**「−る」 → 「−~~る~~」 + られる** 見(み)~~る~~ → 見(み)+られる 食(た)べ~~る~~ → 食(た)+べられる
3그룹 동사	する → **できる** 来(く)る → **来(こ)られる**

・弟(おとうと)は 日本語(にほんご)で メールが **書(か)けます**。

남동생은 일본어로 메일을 쓸 수 있습니다.

1. 다음 예와 같이 일본어 문장을 만드세요.

> **예** お父(とう)さん、飛行機(ひこうき)、運転(うんてん)する、できる
>
> → お父(とう)さんは 飛行機(ひこうき)を 運転(うんてん)する **ことが できます**。
>
> 아버지는 비행기를 운전할 수 있습니다.

❶ エクセル、使(つか)う

➜ ______________________________

저는 엑셀을 사용할 수 있습니다.

❷ 日本語(にほんご)、電話(でんわ)、かける

➜ ______________________________

저는 일본어로 전화를 걸 수 있습니다.

❸ アントニオさん、箸(はし)、ご飯(はん)、食(た)べる

➜ ______________________________

안토니오씨는 젓가락으로 밥을 먹을 수 있습니다.

ことば	飛行機(ひこうき)：비행기　エクセル：엑셀　使(つか)う：사용하다　箸(はし)：젓가락

2. 다음 예와 같이 일본어 문장을 만드세요.

> **예** 弟(おとうと)、スキー
>
> → 弟(おとうと)は スキー**が できます。**
>
> 남동생은 스키를 탈 수 있습니다.

❶ 小川(おがわ)さん、ドラム

➜ ______________________________

오가와씨는 드럼을 칠 수 있습니다.

❷ 彼女(かのじょ)、ギター、ピアノ

➜ ______________________________

그녀는 기타도 피아노도 칠 수 있습니다.

❸ この、スマートフォン、いろいろな、ゲーム

➜ ______________________________

이 스마트폰은 여러 가지의 게임을 할 수 있습니다.

3. 다음 예와 같이 일본어 문장을 만드세요.

> 예 木村(きむら)さん、コンピュータを 直(なお)す
>
> → 木村(きむら)さんは コンピュータが **<u>直(なお)せ</u>ます**。
>
> 기무라 씨는 컴퓨터를 고칠 수 있습니다.

❶ 朝(あさ)、早(はや)く、起(お)きる

➜ ____________________

저는 아침 일찍 일어날 수 있습니다.

❷ 日本(にほん)、歌(うた)、歌(うた)う

➜ ____________________

저는 일본 노래를 부를 수 있습니다.

❸ ユンさん、漢字(かんじ)、書(か)く

➜ ____________________

윤 씨는 한자를 쓸 수 있습니다.

ことば			
	コンピュータ : 컴퓨터	直(なお)す : 고치다	早(はや)く : 일찍, 빨리
	起(お)きる : 일어나다	歌(うた)う : 노래부르다	漢字(かんじ) : 한자

4. 다음 빈 칸에 적당한 말을 써 넣으세요.

❶ 私(わたし)は 自転車(じてんしゃ)に 乗(の)る ________ が できます。
나는 자전거를 탈 **수** 있습니다.

❷ 大家(おおや)さんは 英会話(えいかいわ) _____ できます。
오오야씨는 영어회화**를** 할 수 있습니다.

❸ 私(わたし)は 車(くるま)の 運転(うんてん)が ________________。
나는 운전을 **할 수 있습니다**.

❹ 私(わたし)は 料理(りょうり) _____ できません。
저는 요리**를** 할 수 없습니다.

❺ 私(わたし)は 納豆(なっとう)が ________________。
저는 낫토를 **먹을 수 있습니다**.

ことば	自転車(じてんしゃ) : 자전거　英会話(えいかいわ) : 영어회화　料理(りょうり) : 요리

5. 일본어로 작문하세요.

❶ 지금은 강당을 사용할 수 있습니다. (講堂(こうどう)、使(つか)う)

➜ ______________________________

❷ 공을 20미터 던질 수 있습니다. (ボール、メートル、投(な)げる)

➜ ______________________________

❸ 이 강에서 헤엄칠 수 있습니까? (川(かわ)、泳(およ)ぐ)

➜ ______________________________

❹ 운전 할 수 있습니까? (運転(うんてん))

➜ ______________________________

❺ 편의점에서 택배를 보낼 수 있습니까? (コンビニ、宅急便(たっきゅうびん)、送(おく)る)

➜ ______________________________

ことば

講堂(こうどう) : 강당　ボール : 공　投(な)げる : 던지다　コンビニ : 편의점
宅急便(たっきゅうびん) : 택배　送(おく)る : 보내다

新 スラスラ 일본어 작문 1

JUMP UP

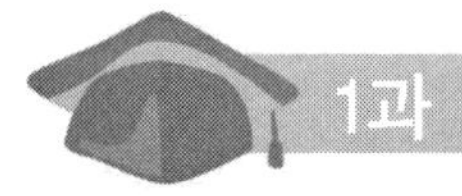

1과

コ・ソ・ア・ド語(ご) (지시대명사)

- **コ**(이) : 말하는 사람과 가까운 위치에 있는 것을 가리킨다.
- **ソ**(그) : 듣는 사람과 가까운 위치에 있는 것을 가리킨다.
- **ア**(저) : 말하는 사람과 듣는 사람 모두에게 먼 위치에 있는 것을 가리킨다.
- **ド**(어느) : 정해지지 않은 의문을 나타낸다.

현장지시와 문맥지시

- 현장지시 : 실제 눈앞에 있는 것을 가리킨다.
- 문맥지시 : 이야기나 문장에서의 화제, 사건을 가리킨다. 혼잣말이나 과거의 일을 회상할 때를 나타낸다.
- **ソ**(그) : 말하는 사람이나 듣는 사람 중에 한 사람만 알고 있는 사람이나 사건을 가리킨다.
  - A: 内(うち)の サークルに 吉田(よしだ)さんと いう 人(ひと)が いますが、**その 人(ひと)**は とても きれいですよ。 우리 동아리에 요시다 씨라는 사람이 있는데, 그 사람 아주 예뻐요.
  - B: そうですか。 그래요?
- **ア**(그) : 말하는 사람과 듣는 사람이 모두 알고 있거나 혼자 말이나 과거의 일을 회상할 때 쓴다.
  - A: **あの レストラン**、分(わ)かる? 그 레스토랑 알아?
  - B: あ、先週(せんしゅう) 行(い)った ところ? 아, 지난주에 갔던 곳?
  - **あの 映画(えいが)**は とても おもしろかった。 그 영화는 아주 재미있었다. (과거회상)

2과

「何」의 발음과 의미

1. 모양이나 이름 성질 형태를 물어 볼 때는 「なに」

何年(なにどし) 무슨 띠　　何事(なにごと) 무슨 일　　何人(なにじん) 어느 나라 사람

何屋(なにや) 무슨 장사　　何語(なにご) 어느 나라 말

2. 수량을 물어 볼 때는 「なん」

何人(なんにん) 몇 사람　　何日(なんにち) 며칠　　何時(なんじ) 몇 시

何枚(なんまい) 몇 장　　何語(なんご) 몇 개 국어

3. 「だ, で, と, の」가 이어질 때는 「なん」으로 발음한다.

何(なん)だって 뭐라고?　　何(なん)でそうしたの 왜 그랬어?

何(なん)と 무엇이라고　　何(なん)の 무슨

4. 何(なん)で 무엇 때문에(이유)　　何(なに)で 무엇으로(수단)

何才(なんさい) (몇 살)						
	一才(いっさい)	二才(にさい)	三歳(さんさい)	四才(よんさい)	五才(ごさい)	六才(ろくさい)
	七才(ななさい)	八才(はっさい)	九才(きゅうさい)	十才(じゅっさい)	* 二十歳(はたち)	

何年(なにどし) (무슨 띠)			
	鼠(ねずみ) (ね年(どし)) 쥐띠	牛(うし) (牛年(うしどし)) 소띠	虎(とら) (虎年(とらどし)) 범띠
	うさぎ (卯年(うどし)) 토끼띠	辰(たつ) (辰年(たつどし)) 용띠	蛇(へび) (み年(どし)) 뱀띠
	馬(うま) (馬年(うまどし)) 말띠	羊(ひつじ) (羊年(ひつじどし)) 양띠	猿(さる) (猿年(さるどし)) 원숭이띠
	鶏(とり) (酉年(とりどし)) 닭띠	犬(いぬ) (犬年(いぬどし)) 개띠	猪(いのしし) (い年(どし)) 돼지띠

조사 「の」의 용법

1. これは 先生(せんせい)**の** 靴(くつ)です。(소유)

   이것은 선생님 구두입니다.

2. 真珠(しんじゅ)**の** 指輪(ゆびわ) 진주반지 (재료)

3. 日本語(にほんご)**の(=が)** 上手(じょうず)な 人(ひと)が 必要(ひつよう)です。(주격)

   일본어를 잘하는 사람이 필요합니다.

4. 友達(ともだち)**の** 田中(たなか)さんが 来(き)ました。(동격)

   친구 다나카 씨가 왔습니다.

5. この 車(くるま)は 誰(だれ)**の(車(くるま))** ですか。(명사 대용)

   이 자동차 누구의 것입니까?

6. きのうは 何(なに)を した**の**。(의문)

   어제는 뭐 했어?

7. 私(わたし)も そうだと 思(おも)う**の**。(가벼운 단정)

   나도 그렇다고 생각해.

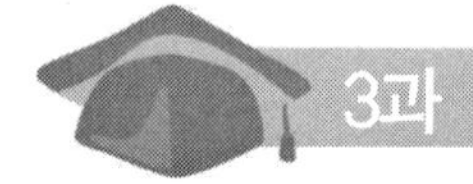

3과

형용사의 비교표현

1. 2가지 비교

- A: 自動車(じどうしゃ)**と** バイク**と どちらが** 速(はや)い**ですか**。 자동차와 오토바이 어느 쪽이 빠릅니까?
- B: 自動車(じどうしゃ)**の ほうが** 速(はや)い**です**。 자동차가 빠릅니다.

2. 3가지 이상 비교

- A : 果物(くだもの)**の 中(なか)で 何(なに)が 一番(いちばん)** 好(す)き**ですか**。 과일 중에서 무엇을 제일 좋아합니까?
- B : りんご**が 一番(いちばん)** 好(す)き**です**。 사과를 제일 좋아합니다.

い형용사 보충어휘

色(いろ) 색	青(あお)い 파랗다 黒(くろ)い 검다 黄色(きいろ)い 노랗다	赤(あか)い 빨갛다 白(しろ)い 희다
味(あじ) 맛	甘(あま)い 달다 苦(にが)い 쓰다 酸(す)っぱい 시다 水(みず)っぽい 싱겁다	渋(しぶ)い 떫다 辛(から)い 맵다 油(あぶら)っこい 느끼하다 / 기름지다 しょっぱい 짜다
感情(かんじょう) 감정	嬉(うれ)しい 기쁘다 苦(くる)しい 괴롭다 寂(さび)しい 쓸쓸하다 恥(は)ずかしい 부끄럽다	悲(かな)しい 슬프다 怖(こわ)い 무섭다 楽(たの)しい 즐겁다

반의어			
	明(あか)るい 밝다	↔	暗(くら)い 어둡다
	暖(あたた)かい 따뜻하다	↔	涼(すず)しい 시원하다
	新(あたら)しい 새롭다	↔	古(ふる)い 낡다
	暑(あつ)い 덥다	↔	寒(さむ)い 춥다
	熱(あつ)い 뜨겁다	↔	冷(つめ)たい 차다
	多(おお)い 많다	↔	少(すく)ない 적다
	おいしい、旨(うま)い 맛있다	↔	まずい 맛없다
	大(おお)きい 크다	↔	小(ちい)さい 작다
	重(おも)い 무겁다	↔	軽(かる)い 가볍다
	面白(おもしろ)い 재미있다	↔	つまらない 재미없다
	高(たか)い 비싸다 / 높다	↔	安(やす)い 싸다/低(ひく)い 낮다
	近(ちか)い 가깝다	↔	遠(とお)い 멀다
	強(つよ)い 강하다	↔	弱(よわ)い 약하다
	長(なが)い 길다	↔	短(みじか)い 짧다
	速(はや)い 빠르다	↔	遅(おそ)い 느리다 / 늦다
	広(ひろ)い 넓다	↔	狭(せま)い 좁다
	深(ふか)い 깊다	↔	浅(あさ)い 얕다
	易(やさ)しい 쉽다	↔	難(むずか)しい 어렵다
	よい 좋다	↔	悪(わる)い 나쁘다

な형용사 보충어휘

好(す)だ 좋아하다	嫌(きら)いだ 싫어하다	元気(げんき)だ 건강하다	きれいだ 깨끗하다 / 예쁘다
静(しず)かだ 조용하다	上手(じょうず)だ 능숙하다	下手(へた)だ 서툴다	得意(とくい)だ 자신 있다
丈夫(じょうぶ)だ 튼튼하다	便利(べんり)だ 편리하다	穏(おだ)やかだ 온화하다	不便(ふべん)だ 불편하다
朗(ほが)らかだ 명랑하다	同(おな)じだ 똑같다		

병렬조사 「と」와 「や」

「と」는 전체를 나열하지만 「や」는 일부분을 나열하며 「~や~や~など」의 형태로도 쓰인다.

・机(つくえ)の 上(うえ)には 本(ほん)**と** ボールペン**と** ノートが あります。

책상 위에는 책과 볼펜과 노트가 있습니다.

・八百屋(やおや)には 大根(だいこん)**や** 玉(たま)ねぎ**や** ほうれん草(そう)**など**が あります。

야채가게에는 무랑 양파랑 시금치 등이 있습니다.

가족명칭

	자기 가족을 남에게 말할 때	남의 가족을 말할 때
할아버지	祖父(そふ)	お祖父(じい)さん
할머니	祖母(そぼ)	お祖母(ばあ)さん
아버지	父(ちち)	お父(とう)さん
어머니	母(はは)	お母(かあ)さん
형 / 오빠	兄(あに)	お兄(にい)さん
누나 / 언니	姉(あね)	お姉(ねえ)さん
남동생	弟(おとうと)	弟(おとうと)さん
여동생	妹(いもうと)	妹(いもうと)さん

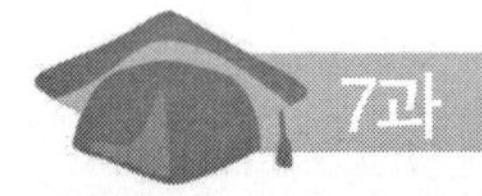

동사 보충어휘

동사활용 종류	형태	예		
1그룹 동사	2그룹과 3그룹 동사를 제외한 모든 동사	言(い)う 말하다	歌(うた)う 노래하다	思(おも)う 생각하다
		買(か)う 사다	笑(わら)う 웃다	書(か)く 쓰다
		聞(き)く 듣다	働(はたら)く 일하다	泳(およ)ぐ 헤엄치다
		脱(ぬ)ぐ 벗다	話(はな)す 이야기하다	打(う)つ 치다
		立(た)つ 서다	持(も)つ 쥐다	死(し)ぬ 죽다
		遊(あそ)ぶ 놀다	選(えら)ぶ 고르다	飲(の)む 마시다
		住(す)む 살다	休(やす)む 쉬다	読(よ)む 읽다
		ある 있다	売(う)る 팔다	終(お)わる 끝나다
		座(すわ)る 앉다	作(つく)る 만들다	通(とお)る 통하다
		撮(と)る 찍다	降(ふ)る (비/눈)내리다	分(わ)かる 알다
	예외 1그룹 동사 (형태는 2그룹)	要(い)る 필요하다	帰(かえ)る 돌아가다	限(かぎ)る 한정하다
		切(き)る 자르다	蹴(け)る 차다	知(し)る 알다
		湿(しめ)る 축축해지다	しゃべる 수다떨다	滑(すべ)る 미끄러지다
		散(ち)る 흩어지다	照(て)る 비치다	握(にぎ)る 쥐다
		走(はし)る 달리다	入(はい)る 들어가다	減(へ)る 줄다
2그룹 동사	어미가 る로 끝나고 る앞 글자가 i모음(い단) 혹은 e모음(え단)인 동사	浴(あ)びる 뒤집어쓰다	いる 있다	起(お)きる 일어나다
		降(お)りる 내리다	借(か)りる 빌리다	着(き)る 입다
		煮(に)る 삶다	見(み)る 보다	開(あ)ける 열다
		上(あ)げる 올리다	入(い)れる 넣다	受(う)ける 받다
		教(おし)える 가르치다	かける 걸다	決(き)める 결정하다
		比(くら)べる 비교하다	答(こた)える 대답하다	調(しら)べる 조사하다

		食(た)べる 먹다　つける 켜다　勤(つと)める 근무하다 止(と)める 멈추다　寝(ね)る 자다　始(はじ)める 시작하다
3그룹 동사	する / 来(く)る	買(か)い物(もの)する 쇼핑하다　紹介(しょうかい)する 소개하다 テニスする 테니스 하다　勉強(べんきょう)する 공부하다

시간을 나타내는 조사「に」

「に」를 쓰는 시간명사	10時(じゅうじ) 10시 休日(きゅうじつ) 휴일	~曜日(ようび) ~요일 ~世紀(せいき) ~세기	~時代(じだい) ~시대
「に」를 쓰지 않는 시간명사	今日(きょう) 오늘 朝(あさ) 아침 今(いま) 지금 今年(ことし) 올해 いつも 언제나	明日(あした) 내일 今朝(けさ) 오늘 아침 今週(こんしゅう) 이번 주 去年(きょねん) 작년	毎日(まいにち) 매일 毎朝(まいあさ) 매일 아침 今月(こんげつ) 이번 달 さっき 아까
양쪽 모두 가능한 시간명사	午前(ごぜん) 오전 夕方(ゆうがた) 저녁 때 時(とき) 때 夜(よる) 밤	昼(ひる) 낮 春(はる) 봄 うち 동안에 以前(いぜん) 이전	~後(あと) ~후 ~頃(ごろ) ~경 ~前(まえ) ~전

8과

전후관계의 「~て」와 「~てから」

	~て	~てから
1. 순차동작	○	○
2. 동작의 나열	○	×
3. 전후관계의 명확성	△	○

1. 歯を **磨いて** 顔を 洗います。 이를 닦고 얼굴을 씻습니다.

1′. 歯を **磨いてから** 顔を 洗います。 이를 닦고 나서 얼굴을 씻습니다.

2. ご飯を **食べて**、コーヒーを **飲んで**、新聞を **読んで** 学校へ 行きます。

밥을 먹고 커피를 마시고 신문을 읽고 학교에 갑니다.

2′. ご飯を **食べてから** コーヒーを **飲んでから** 新聞を 読んでから 学校へ 行きます。(×)

밥을 먹고 나서 커피를 마시고 나서 신문을 보고 나서 학교에 갑니다. (×)

3. 挨拶を **して** 授業を 始めます。 인사를 하고 수업을 시작합니다.

3′. 挨拶を **してから** 授業を 始めます。 인사를 하고 나서 수업을 시작합니다.

→「挨拶を **して**」보다 「挨拶を **してから**」가 ‘인사’와 ‘수업’의 전후관계를 보다 명확하게 나타낸다.

인과관계의 「~て」와 「~から」

	~て	~から
1. 인과관계의 명확성	△	○
2. 객관성	○	△

1. バスが **混(こ)んで いて**、乗(の)る ことが できません。

   버스에 사람이 많아서 탈 수 없습니다.

1′. バスが **混(こ)んで いるから**、乗(の)りたく ないです。

   버스에 사람이 많아서 타고 싶지 않습니다.

→「混(こ)ん**でいて**」보다 「混(こ)んで**いるから**」가 인과관계를 보다 명확하게 나타낸다.

2. あの 店(みせ)の 料理(りょうり)は **おいしくて** 安(やす)いです。 저 가게 요리는 맛있고 쌉니다.

2′. あの 店(みせ)の 料理(りょうり)は **おいしいから、** 高(たか)いです。 저 가게 요리는 맛있어서 비쌉니다.

→「おいしく**て**」가 「おいしい**から**」보다 객관성을 지닌다.

「ながら」의 접속과 의미

	동사	い형용사(Aい)	な형용사(NAだ)	명사(N)
접속형	ます형+ながら 食(た)べながら	Aい+ながら 寒(さむ)いながら	NA+ながら 残念(ざんねん)ながら	N+ながら 涙(なみだ)ながら
의미	1. テレビを **見(み)ながら** ご飯(はん)を 食(た)べる。 [동시동작] TV를 보며 밥을 먹는다. 2. 彼(かれ)は 体(からだ)が **小(ちい)さいながら、**力(ちから)が 強(つよ)い。 [역접] 그는 몸이 작지만 힘이 세다. 3. 彼女(かのじょ)は **生(う)まれながら**の 歌手(かしゅ)だ。 [양태] 그는 타고난 가수이다.			

10과

「～前に」와 「～ないうちに」

「～前に」가 '그 일이 일어나기 전에'라는 단순한 시간적 전후관계를 나타내는 것과 달리, 「～ないうちに」는 상태의 변화에 대한 걱정이 함축된 표현이며 '그 시간 내에 해야 한다'는 화자의 강한 감정을 나타낸다.

・冷め**ない うちに**、どうぞ。≠冷める 前に

식기 전에 드세요.

・忘れ**ない うちに** 手帳に 書いて おこう。≠忘れる **前に**

잊기 전에 수첩에 써 둬야지.

・雨が 降ら**ない うちに** 早く 帰りましょう。≠雨が 降る **前に**

비가 오기 전에 빨리 돌아갑시다.

・暑く なる **前に**、クーラーを 買いましょう。=暑く なら**ない うちに**

더워지기 전에 에어컨을 삽시다.

・電車に 乗る **前に**、切符を 買う。≠電車に 乗ら**ない うちに**

전차를 타기 전에 표를 산다.

「~た後(あと)で」와 「~てから」 : ~한 후에, ~하고 나서

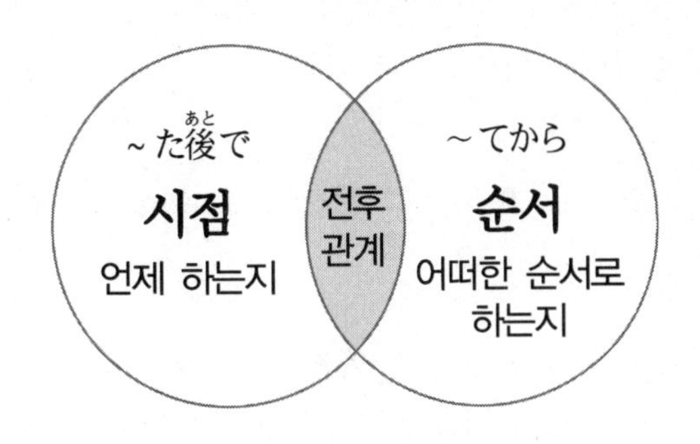

1. スリッパを **脱(ぬ)いだ 後(あと)で**、和室(わしつ)に 入(はい)ります。

   슬리퍼를 벗은 후에 일본식 방에 들어갑니다.

1′. スリッパを **脱(ぬ)いでから**、和室(わしつ)に 入(はい)ります。

   슬리퍼를 벗고 일본식 방에 들어갑니다.

→「脱(ぬ)い**でから**」는 슬리퍼를 벗는 행위를 먼저, 혹은 반드시 한다는 것을 강조

2. 先生(せんせい)に **相談(そうだん)した 後(あと)で**、来(き)て ください。

   선생님에게 상담한 후에 와 주세요.

2′. 先生(せんせい)に **相談(そうだん)してから**、来(き)て ください。

   선생님에게 상담하고 나서 와주세요.

→「相談(そうだん)し**てから**」는 선생님과의 상담을 먼저, 혹은 반드시 해야 한다는 것을 강조

「~時」절의 시제

1. S2 동사가 과거형이고 S1 동사가 상태동사(「いる」「ある」 등)일 때, S1의 동사는 비과거형, 과거형 모두 사용할 수 있다.

· 部屋(へや)に **いる 時(とき)**、電話(でんわ)が かかって **きた**。　방에 있을 때, 전화가 걸려왔다.
S1　S2

· 部屋(へや)に **いた 時(とき)**、電話(でんわ)が かかって **きた**。　방에 있었을 때, 전화가 걸려왔다.
S1　S2

2. S2의 동사가 과거형일 때, S1의 い형용사, な형용사, 명사는 비과거형, 과거형 모두 사용할 수 있다. 특히, S1의 상태가 지금과 다르다는 것을 강조하고 싶을 때 과거형을 사용한다.

· **若(わか)い 時(とき)**、とても きれいでした。　젊을 때 무척 예뻤습니다.
S1　S2

· **若(わか)かった 時(とき)**、とても きれいでした。　젊었을 때 무척 예뻤습니다.
S1　S2

11과

「～ないで」와 「～なくて」

동사	+「ないで」 ~하지 않은 상태로 (부대상황)	何も **言(い)わないで** 出(で)て しまいました。 아무 말도 하지 않고 나가버렸습니다.
	+「なくて」 ~지 않아서 (원인・이유)	雨(あめ)が **降(ふ)らなくて** よかったです。 비가 오지 않아 다행이에요.
い형용사 보조형용사	+「なくて」 ~지 않아서 (원인・이유)	お金(かね)が **なくて**、買(か)えなかった。 돈이 없어서 살 수 없었다.

MEMO

新 スラスラ 일본어 작문 1

부록

国名の表記

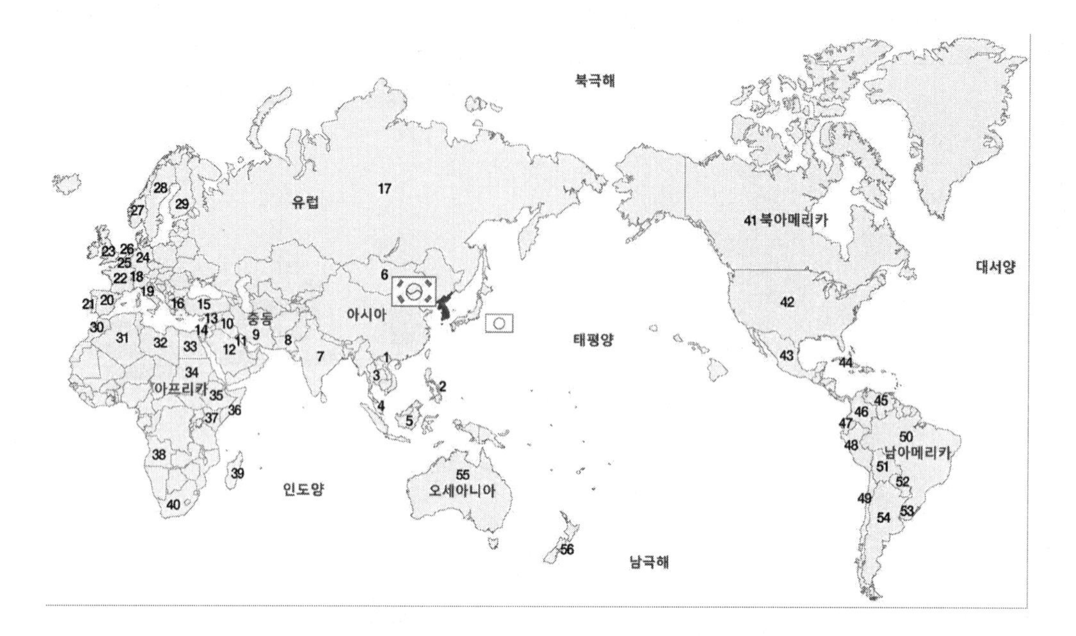

① ベトナム　베트남
② フィリピン　필리핀
③ タイ　타이
④ マレーシア　말레이시아
⑤ インドネシア　인도네시아
⑥ モンゴル　몽골
⑦ インド　인도
⑧ パキスタン　파키스탄
⑨ イラン　이란
⑩ イラク　이라크
⑪ クウェート　쿠웨이트
⑫ サウジアラビア　사우디아라비아
⑬ シリア　시리아
⑭ イスラエル　이스라엘
⑮ トルコ　터키
⑯ ギリシア　그리스
⑰ ロシア　러시아
⑱ スイス　스위스
⑲ イタリア　이탈리아
⑳ スペイン　스페인
㉑ ポルトガル　포르투갈
㉒ フランス　프랑스
㉓ イギリス　영국
㉔ ドイツ　독일
㉕ ベルギー　벨기에
㉖ オランダ　네덜란드
㉗ ノルウェイ　노르웨이
㉘ スウェーデン　스웨덴
㉙ フィンランド　핀란드
㉚ モロッコ　모로코
㉛ アルジェリア　알제리
㉜ リビア　리비아
㉝ エジプト　이집트
㉞ スーダン　수단
㉟ エチオピア　에티오피아
㊱ ソマリア　소말리아
㊲ ケニア　케냐
㊳ アンゴラ　앙골라
㊴ マダガスカル　마다가스카르
㊵ 南(みなみ)アフリカ共和国(きょうわこく)　남아프리카공화국
㊶ カナダ　캐나다
㊷ アメリカ　미국
㊸ メキシコ　멕시코
㊹ キューバ　쿠바
㊺ ベネズエラ　베네수엘라
㊻ コロンビア　콜롬비아
㊼ エクアドル　에콰도르
㊽ ペルー　페루
㊾ チリ　칠레
㊿ ブラジル　브라질
(51) ボリビア　볼리비아
(52) パラグアイ　파라과이
(53) ウルグアイ　우루과이
(54) アルゼンチン　아르헨티나
(55) オーストラリア　오스트레일리아
(56) ニュージーランド　뉴질랜드

한국 성씨 가타카나 표기법

김金	キム	전全	チョン	우禹	ウ	노魯	ノ	반潘	パン
이李	イ	고高	コ	주朱	チュ	염廉	ヨム	왕王	ワン
박朴	パク	문文	ムン	나羅	ナ	변辺	ピョン	금琴	クム
최崔	チェ	손孫	ソン	임任	イム	여呂	ヨ	옥玉	オク
정鄭	チョン	양梁	ヤン	전田	チョン	추秋	チュ	육陸	ユク
강姜	カン	배裵	ペ	민閔	ミン	도都	ト	인印	イン
조趙	チョ	백白	ペク	신辛	シン	신愼	シン	맹孟	メン
윤尹)	ユン	조曺	チョ	지池	チ	석石	ソク	제諸	チェ
장張	チャン	허許	ホ	진陳	チン	소蘇	ソ	탁卓	タク
임林	イム	남南	ナム	엄嚴	オム	설薛	ソル	진秦	チン
한韓	ハン	심沈	シム	원元	ウォン	선宣	ソン	남궁南宮	ナムグン
신申	シン	유劉	ユ	채蔡	チェ	주周	チュ	장蔣	チャン
오吳	オ	노盧	ノ	천千	チョン	길吉	キル	무牟	ム
서徐	ソ	하河	ハ	방方	パン	마馬	マ	국鞠	クク
권權	クォン	유兪	ユ	양楊	ヤン	연延	ヨン	어魚	オ
황黃	ファン	정丁	チョン	공孔	コン	표表	ピョ	여余	ヨ
송宋	ソン	성成	ソン	현玄	ヒョン	위魏	ウィ	은殷	ウン
안安	アン	곽郭	クワク	강康	カン	명明	ミョン	편片	ピョン
유柳	ユ	차車	チャ	함咸	ハム	기奇	キ	용龍	ヨン
홍洪	ホン	구具	ク	변卞	ピョン	방房	パン	예芮	エ

1. 동사활용

기본형			**ます형** ~합니다	**ない형** ~하지 않다
1그룹	書(か)く	쓰다	書(か)**き**ます	書(か)**か**ない
	行(い)く	가다	行(い)**き**ます	行(い)**か**ない
	泳(およ)ぐ	헤엄치다	泳(およ)**ぎ**ます	泳(およ)**が**ない
	遊(あそ)ぶ	놀다	遊(あそ)**び**ます	遊(あそ)**ば**ない
	読(よ)む	읽다	読(よ)**み**ます	読(よ)**ま**ない
	死(し)ぬ	죽다	死(し)**に**ます	死(し)**な**ない
	持(も)つ	쥐다	持(も)**ち**ます	持(も)**た**ない
	買(か)う	사다	買(か)**い**ます	買(か)**わ**ない
	乗(の)	타다	乗(の)**り**ます	乗(の)**ら**ない
	探(さが)す	찾다	探(さが)**し**ます	探(さが)**さ**ない
2그룹	見(み)る	보다	**見(み)**ます	**見(み)**ない
	食(た)べる	먹다	**食(た)べ**ます	**食(た)べ**ない
3그룹	来(く)る	오다	**来(き)**ます	**来(こ)**ない
	する	하다	**し**ます	**し**ない
	勉強(べんきょう)する	공부하다	勉強(べんきょう)**し**ます	勉強(べんきょう)**し**ない
문형	- **前(まえ)に** ~하기 전에 - **ことが できる** ~할 수 있다		- **ましょう** ~합시다 - **ませんか** ~하지 않겠습니까 - **たい** ~하고 싶다 - **ながら** ~하면서	- **ないで** ~하지 않고 - **ないで ください** ~하지 마세요 - **なくても いい** ~하지 않아도 괜찮다 - **なければ なりません** ~해야만 합니다 - **ない 方(ほう)が いい** ~하지 않는 편이 좋다

て형 ~하고, ~해서	た형 ~했다	가능형 ~할 수 있다
書(か)**い**て	書(か)**い**た	書(か)**け**る
行(い)**っ**て	行(い)**っ**た	行(い)**け**る
泳(およ)**い**で	泳(およ)**い**だ	泳(およ)**げ**る
遊(あそ)**ん**で	遊(あそ)**ん**だ	遊(あそ)**べ**る
読(よ)**ん**で	読(よ)**ん**だ	読(よ)**め**る
死(し)**ん**で	死(し)**ん**だ	死(し)**ね**る
持(も)**っ**て	持(も)**っ**た	持(も)**て**る
買(か)**っ**て	買(か)**っ**た	買(か)**え**る
乗(の)**っ**て	乗(の)**っ**た	乗(の)**れ**る
探(さが)**し**て	探(さが)**し**た	探(さが)**せ**る
見(み)て	**見(み)**た	**見(み)られる**
食(た)べて	**食(た)べ**た	**食(た)べられる**
来(き)て	**来(き)**た	**来(こ)られる**
して	**し**た	**できる**
勉強(べんきょう)**し**て	勉強(べんきょう)**し**た	勉強(べんきょう)**できる**
- **て ください** ~해 주세요 - **てから** ~하고 나서 - **て みる** ~해보다 - **て おく** ~해 놓다/두다 - **ても いい** ~해도 좋다 - **ては いけません** ~해서는 안 됩니다	- **た ことが ある** ~한 적이 있다 - **た 後(あと)で** ~한 후에 - **たり~たり する** ~하거나 ~하거나 하다 - **た 方(ほう)が いい** ~하는 편이 좋다	- **ように する** ~하도록 하다 - **ように なる** ~하게 되다

2. 명사, い형용사, な형용사의 활용

	기본형	명사 수식형	연결형 (~하고, ~해서)	현재 정중체		과거 정중체	
				긍정	부정	긍정	부정
い형용사	大(おお)きい (크다)	大(おお)き**い**	大(おお)き**くて**	大(おお)き**いです**	大(おお)き**く ないです**	大(おお)き**かった です**	大(おお)き**く なかったです**
	よい いい (좋다)	よ**い** い**い**	よ**くて**	よ**いです** い**いです**	よ**く ないです**	よ**かった です**	よ**く なかったです**
な형용사	きれいだ (예쁘다)	きれい**な**	きれい**で**	きれい**です**	きれい**では ありません**	きれい **でした**	きれい**では ありません でした**
	にぎやかだ (떠들석하다)	にぎやか**な**	にぎやか**で**	にぎやか**です**	にぎやか**では ありません**	にぎやか **でした**	にぎやか**では ありません でした**
	便利(べんり)だ (편리하다)	便利(べんり)**な**	便利(べんり)**で**	便利(べんり)**です**	便利(べんり)**では ありません**	便利(べんり)**でした**	便利(べんり)**では ありません でした**
	スマートだ (스마트하다)	スマート**な**	スマート**で**	スマート**です**	スマート**では ありません**	スマート **でした**	スマート**では ありません でした**

3. 지시대명사

기능		コ		ソ		ア		ド	
명사적 용법	사물	これ	이것	それ	그것	あれ	저것	どれ	어느 것
	장소	ここ	여기	そこ	거기	あそこ	저기	どこ	어디
	방향	こちら	이쪽	そちら	그쪽	あちら	저쪽	どちら	어느 쪽
명사 수식적 용법		この こんな	이 이런	その そんな	그 그런	あの あんな	저 저런	どの どんな	어느 어떤
부사적 용법		こう こんなに	이렇게 이렇게	そう そんなに	그렇게 그렇게	ああ あんなに	저렇게 저렇게	どう どんなに	어떻게 어떻게

4. 의문사

	의문사			
사람	だれ 누구	どなた 어느 분	どの N 어느 N	どんな N 어떤 N
사물	なに/なん 무슨	どれ 어떤 것	どの N 어느 N	どんな N 어떤 N
시간	いつ 언제			
시간의 길이	どのくらい / どのぐらい 어느 정도			
장소	どこ 어디		どの N 어느 N	
방향	どちら 어느 쪽			
이유	どうして 왜			
수단/방법	どうやって 어떻게		なんで/なにで 무엇으로	
수량	いくつ 몇 개		いくら 얼마	

5. 때를 나타내는 말

	日날	週주	月달	年해
과거	おととい 그저께	先々週 지지난 주	先々月 지지난 달	一昨年 지지난 해
	昨日 어제	先週 지난 주	先月 지난 달	去年 昨年 지난 해
현재	今日 오늘	今週 이번 주	今月 이 달	今年 올해・금년
미래	明日 내일	来週 다음 주	来月 다음 달	来年 다음 해
	あさって 모레	再来週 다다음 주	再来月 다다음 달	再来年 다다음 해
	しあさって 글피			
毎~	毎日 매일	毎週 매주	毎月 매월	毎年 매년
기타 표현	休みの日 쉬는 날	週の末 주말	初め 초	年の末 연말
	休日 휴일	週末 주말	初旬・上旬 초순	年末 연말
	公休日 공휴일		半ば・中旬 중순	
			終わり・下旬 하순	

6. 시간 · 날짜 · 기간

시간 읽기

1時	いちじ	7時	**しち**じ
2時	にじ	8時	はちじ
3時	さんじ	9時	**く**じ
4時	**よ**じ	10時	じゅうじ
5時	ごじ	11時	じゅういちじ
6時	ろくじ	12時	じゅうにじ

* 何時(なんじ): 몇 시

5分	**ごふん**	10分	じゅっ**ぷん**
15分	じゅうごふん	20分	にじゅっぷん
25分	にじゅうごふん	30分	さんじゅっぷん
35分	さんじゅうごふん	40分	よんじゅっぷん
45分	よんじゅうごふん	50分	ごじゅっぷん
55分	ごじゅうごふん	60分	ろくじゅっぷん

*何分(なんぷん): 몇 분

날짜읽기

■ 월(月(がつ))

1月	いちがつ	5月	ごがつ	9月	**く**がつ
2月	にがつ	6月	ろくがつ	10月	じゅうがつ
3月	さんがつ	7月	**しち**がつ	11月	じゅういちがつ
4月	**し**がつ	8月	はちがつ	12月	じゅうにがつ

* 何月(なんがつ): 몇 월

■ 일(日(にち)) · 요일(曜日(ようび))

月曜日 げつようび	火曜日 かようび	水曜日 すいようび	木曜日 もくようび	金曜日 きんようび	土曜日 どようび	日曜日 にちようび
1日 ついたち	2日 ふつか	3日 みっか	4日 よっか	5日 いつか	6日 むいか	7日 なのか
8日 ようか	9日 ここのか	10日 とおか	11日 じゅう いちにち	12日	13日	14日 じゅう よっか
15日	16日	17日 じゅう しちにち	18日	19日 じゅう くにち	20日 はつか	21日
22日	23日	24日 にじゅう よっか	25日	26日	27日 にじゅう しちにち	28日
29日 にじゅう くにち	30日	31日				

* 何日(なんにち): 며칠
* 何曜日(なんようび): 무슨 요일

일본의 연호

明治元年(あいじがんねん) (1 年(ねん))	메이지 원년	1868 年(ねん)
大正元年(たいしょうがんねん) (1 年(ねん))	다이쇼 원년	1912 年(ねん)
昭和元年(しょうわがんねん) (1 年(ねん))	쇼와 원년	1926 年(ねん)
平成元年(へいせいがんねん) (1 年(ねん))	헤이세이 원년	1989 年(ねん)
令和元年(れいわがんねん) (1 年(ねん))	레이와 원년	2019 年(ねん)
令和五年(れいわごねん) (5 年(ねん))	레이와 5년	2023 年(ねん)

7. 조수사

		和数詞	人(にん)사람	台(だい)대	階(かい)층	本(ほん)자루
		우리말의 하나, 둘, 셋… 등에 해당하는 말	사람	자동차, TV, 기계 등	건물 층수	술병, 넥타이, 필기도구 등 긴 것
1	いち	ひとつ	ひとり	いちだい	**いっかい**	**いっぽん**
2	に	ふたつ	ふたり	にだい	にかい	にほん
3	さん	みっつ	さんにん	さんだい	さんがい	**さんぼん**
4	し･よ･よん	よっつ	よにん	よんだい	よんかい	よんほん
5	ご	いつつ	ごにん	ごだい	ごかい	ごほん
6	ろく	むっつ	ろくにん	ろくだい	**ろっかい**	**ろっぽん**
7	しち･なな	ななつ	ななにん しちにん	ななだい しちだい	ななかい	ななほん しちほん
8	はち	やっつ	はちにん	はちだい	はっかい はちかい	**はっぽん** **はちほん**
9	きゅう	ここのつ	きゅうにん	きゅうだい	きゅうかい	きゅうほん
10	じゅう	とお	じゅうにん	じゅうだい	**じゅっかい** **じっかい**	**じゅっぽん**
?	何	いくつ	なんにん	なんだい	なんがい	なんぼん
				枚(まい)장, 名(めい)명, 番(ばん)번, 倍(ばい)배		杯(はい)장

8. 조사

조사	의미・용법	용례
か	의문	どれが あなたの カバンです**か**。 어느 것이 당신의 가방입니까.
	불확실	今日 誰**か**に 会いますか。 오늘 누군가 만났습니까.
	선택	買う**か** 買わない**か** 早く 決めなさい。 살 건지 안 살건지 빨리 결정하세요.
が	주격	今晩 雪**が** 降るでしょう。 오늘밤 눈이 내리겠지요.
	대상	私は りんご**が** 好きです。桃**が** 食べたい。 나는 사과를 좋아합니다. 복숭아가 먹고 싶다.
	대비	寿司は 好きだ**が**、そばは 嫌いだ。 초밥은 좋아하지만, 메밀국수는 싫어한다.
	역접	走った**が**、間に 合わなかった。 달려갔지만 제 시간에 가지 못했다.
	전제	もしもし、山口です**が**、…… 여보세요, 야마구치입니다만……
から	기점	授業は 8時30分**から** 始まります。 수업은 8시 30분부터 시작됩니다.
	재료・원료	ビールは 麦**から** 作られます。 맥주는 보리로 만들어집니다.
	이유・원인	今日は 日曜日だ**から** 学校は 行きません。 오늘은 일요일이니까 학교는 가지 않습니다.
	상대	お母さん**から** 小遣いを もらいました。 어머니께 용돈을 받았습니다.
くらい (ぐらい)	정도	家から 5分**ぐらい** かかります。 집에서 5분 정도 걸립니다.
	최소한의 한정	私は あなた**ぐらい** テニスが できます。 나는 당신 정도로 테니스를 칠 수 있습니다.
ずつ	수량・정도	一人に 三つ**ずつ** 上げました。 한 사람에게 3개씩 주었습니다.
だけ	한정	行かない 理由は それ**だけ**では ない。 안 가는 이유는 그것만이 아니다.
	정도	一万円**だけ** あれば いいです。 만 엔만 있으면 됩니다.

조사	의미・용법	용례
で	장소	昼ご飯は 学校の 食堂**で** 食べます。 점심은 학교 식당에서 먹습니다.
	수단・방법	電車**で** 学校へ 行きます。 전철로 학교에 갑니다.
	원인・이유	病気**で** 会社を 休みました。 아파서 회사를 쉬었습니다.
	재료	果物**で** ジュースを 作ります。 과일로 주스를 만듭니다.
	기준・범위	五つ**で** 1000円です。 다섯 개에 1,000엔입니다.
と	동작의 상대	母**と** 一緒に 映画を 見に 行きます。 엄마와 함께 영화를 보러 갑니다.
	병렬	鉛筆**と** 消ゴムを 準備しなさい。 연필과 지우개를 준비하세요.
	인용	「危ない」**と** 叫びました。 “위험하다”고 소리쳤습니다.
	결과	弟は 医師**と** なりました。 동생은 의사가 되었습니다.
など	예시	部屋には 机や テレビや ベッド**など**が あります。 방에는 책상이랑 TV랑 침대 등이 있습니다.
	강조	お金**など** 受け取る わけには いきません。 돈을 받을 수는 없습니다.
に	장소	猫は 庭**に** います。 고양이는 마당에 있습니다.
	시간	授業は 午後 3時**に** 終わります。 수업은 오후 3시에 끝납니다.
	대상	身の上の 事を 先生**に** 相談します。 신상에 관한 일을 선생님께 상담합니다.
	동작의 목적	ビデオを 借り**に** 行きます。 비디오를 빌리러 갑니다.
	귀착점	午後 2時に 京都**に** 着きます。 오후 2시에 교토에 도착합니다.
	기준	一週間**に** 3回 授業が あります。 일주일에 3회 수업이 있습니다.
ので	이유・원인	雪が 降った**ので**、外は 真っ白だ。 눈이 내렸기 때문에, 바깥은 새하얗다.

조사	의미・용법	용례
は	주제	これ**は** 赤い セーターです。 이것은 빨간 스웨터입니다.
	대비	日本語**は** 上手だが、英語**は** 下手です。 일본어는 잘하지만, 영어는 서툽니다.
	강조	学校は あまり 広く**は** ありません。 학교는 그다지 넓지 않습니다.
へ	방향	銀行**へ** 行きます。은행에 갑니다.
	귀착점	午後 5時に 家**へ** 行きます。 오후 5시에 집에 갑니다.
ほど	비교의 기준	ひどい 頭痛で 医者へ 行く**ほど**だった。 심한 두통으로 의사에게 갈 정도였다.
	비유의 정도	ヨガの 修行僧は 死ぬ**ほど** 苦しい 修行をする。 요가 수행승은 죽을 정도로 괴로운 수행을 한다.
まで	범위・한도	学校**から** 家**まで** 30分ぐらい かかります。 학교에서 집까지 30분 정도 걸립니다.
	극단적인 예	このごろは 大人**まで** 漫画を 好む。 요즘은 어른까지도 만화를 좋아한다.
	첨가	雨が 降って いる 上に 風**まで** 吹いている。 비가 오고 있는데다가 바람까지 불고 있다.
も	동류	母**も** 先生です。 엄마도 선생님입니다.
	강조	一時間**も** 待ちました。 한 시간이나 기다렸습니다.
	첨가	果物**も** 野菜**も** 売って います。 과일도 야채도 팔고 있습니다.
や	병렬	テーブルの 上に 本**や** ノート**など**が あります。 테이블 위에는 책이랑 노트 등이 있습니다.
よ	감동	あんたが 好きです**よ**。 당신이 좋아요.
	권유	そろそろ 帰りましょう**よ**。 이제 슬슬 돌아갈까요?
	가벼운 주장・강조	忘れては いけません**よ**。 잊어서는 안 돼요.

より	비교의 기준	スポーツ**より** 映画(えいが)が 好(す)きです。 스포츠보다 영화를 더 좋아합니다.
	기점	会議(かいぎ)は 10時(じゅうじ)**より**です。 회의는 10시부터입니다.
	한정	電車(でんしゃ)で 行く**より** 方法(ほうほう)が ない。 전철로 갈 수밖에 방법이 없다.
を	대상	友だちが 人形(にんぎょう)**を** くれました。 친구가 인형을 주었습니다.
	경과의 장소	道路(どうろ)**を** 走(はし)って います。 도로를 달리고 있습니다.
	기 점	毎朝(まいあさ) 8時に 家(うち)**を** 出(で)ます。 매일 아침 8시에 집을 나갑니다.
	방향	こちら**を** ご覧(らん)なさい。 이쪽을 보세요.
	경로	橋(はし)**を** 渡(わた)ります。 다리를 건넙니다.

新 スラスラ 일본어 작문 1

모범 답안

모범답안

01 私は 大学生です

1. ❶ これは パソコンです。 ❷ それは ノートです。 ❸ あれは かばんです。
2. ❶ お名前は 何ですか。 ❷ お仕事は 何ですか。 ❸ お宅は どこですか。
3. ❶ 私は 日本人ではありません。 ❷ 彼は 先生ではありません。 ❸ 彼女は 学生ではありません。
4. ❶ は、ですか ❷ どこ ❸ は、です
   ❹ 何 ❺ は、ではありません
5. ❶ 私は 新入生です。
   ❷ ここは 教室です。
   ❸ それは スマートフォンですか。
   ❹ リーさんは 中国人では ありません。
   ❺ これは パンでは ありません。

02 この 人は ゴルフの コーチです

1. ❶ それは 松本さんの シャツですか。
   ❷ この スマートフォンは 野口さんの ですか。
   ❸ その ハンカチは 誰の ですか。
2. ❶ これは スイスの 時計です。
   ❷ その はさみは 日本のです。
   ❸ あれは ピアノの テキストです。
3. ❶ この スカーフは 鈴木さんので、あの ハンカチは 大竹さんのです。
   ❷ それは 英会話の 本で、ソンさんのです。
   ❸ 村上さんは 医者で、大学教授です。
4. ❶ は、で、は ❷ の、は ❸ A：どなた B：の、で
   ❹ A：どの B：の ❺ は、で、は、です
5. ❶ 田中さんは 弁護士で、トムさんは 銀行員です。

❷ あの ノートパソコンは 誰のですか。

❸ A: 何の 会社ですか。B: 旅行の 会社です。

❹ キムチは 韓国の 食べ物で、たくあんは 日本のです。

❺ ピエールさんは フランス 人で、留学生です。

03 この たこ焼きは おいしいです

1. ❶ この 子は 元気です。
   ❷ 日本語の 勉強は おもしろいです。
   ❸ ソウルの 交通は 便利です。
2. ❶ 東京の 物価は 安く ないです。
   ❷ 北海道は あまり 暑く ないです。
   ❸ 杉田さんの 髪は 短く ないです
3. ❶ この ネクタイは あまり 派手では ありません。
   ❷ この 魚は 新鮮では ありません。
   ❸ あの 旅館は あまり 有名では ありません。
4. ❶ 短います → 短いです
   ❷ いくないです → よくないです
   ❸ 暇だです → 暇です
   ❹ 丈夫く ありません → 丈夫では ありません
   ❺ おもしろい ないです → おもしろく ないです
5. ❶ 私は 運動が 好きです。
   ❷ 日本語の 勉強は 難しく ないです。
   ❸ 日本の 食べ物は あまり 辛く ないです。
   ❹ この パンは 柔らかです。
   ❺ 日本の ラーメンは あまり 好きでは ありません。

04 キリンは 首が 長いです

1. ❶ 象は 体が 大きいです。
   ❷ 東京は 物価が 高いです。

❸ 松山さんは 英語が 上手です。

2. ❶ デパートの トイレは 広くて きれいです。

❷ 新幹線は 安全で 速いです。

❸ 日本の 地形は 細くて 長いです。

❹ 松本さんは まじめで 無口です。

3. ❶ これは 赤い ボールペンです。

❷ うさぎは かわいい 動物です。

❸ バンコクは 有名な 町です。

❹ どうもと どうぞは 便利な 言葉です。

4. ❶ は、が　❷ は、が　❸ が(の)、は、の　❹ は、な　❺ は、が

5. ❶ 兄は 力が 強いです。

❷ レモンは ビタミンCが 多い 果物です。

❸ ソウルは 交通が 便利な 町です。

❹ あの レストランは 安くて おいしいです。

❺ 竹内さんは きれいで スリムです。

05 夏休みの ホームステイは 楽しかったです

1. ❶ 小学校の 運動場は 広かったです。/ 小学校の 運動場は 広く なかったです。

❷ その 映画は おもしろかったです。/ その 映画は おもしろく なかったです。

❸ 青山さんは 中学生の 時 背が 高かったです。
/ 青山さんは 中学生の 時 背が 高く なかったです。

2. ❶ スチュワーデスは 親切でした。/ スチュワーデスは 親切では ありませんでした。

❷ 音楽の 先生は 声が きれいでした。/ 音楽の 先生は 声が きれいでは ありませんでした。

❸ 新井さんは まじめでした。/ 新井さんは まじめでは ありませんでした。

3. ❶ 多いでした → 多かったです　❷ 痛いで → 痛くて

❸ きれくて → きれいで　❹ 楽しく なかったでした → 楽しく なかったです

❺ 素直く → 素直では

4. ❶ 小学校の 時は、サッカーが 大好きでした。

❷ その 公園は とても 広かったです。

❸ 昨日は とても 暇でした。

❹ 昔は 空気が 悪く なかったです。

❺ その 話は あまり 確かでは ありませんでした。

06 ビルの 中に 薬屋が あります

1. ❶ お父さんは お風呂に います。
   ❷ 犬は 庭に います。
   ❸ 服は たんすの 中に あります。
   ❹ ゲームセンターは パン屋の となりに あります。
2. ❶ 冷蔵庫の 中に ビールが あります。
   ❷ 机の 下に うさぎが います。
   ❸ テーブルの 上に 猫が います。
   ❹ 私の 部屋には　ベッドが あります。
3. ❶ 誰が　❷ 誰か　❸ 何　❹ 何か　❺ 何が
4. ❶ 公園の 中に 動物園が あります。
   ❷ ラーメン屋の となりに コンビにが あります。
   ❸ 大きい 箱の 中には 何も ありません。
   ❹ 車の 中に 誰か いますか。
   ❺ 教室には 誰も いません。

07 毎朝 コーヒーを 飲みます

1. ❶ 試合に 勝ちます。　❷ テニスを します。　❸ 青山さんが 来ます。
   ❹ 日本語で 話します。　❺ 写真を とります。
2. ❶ 学校では 日本語で 話します。　❷ 毎日 プールで 泳ぎます。
   ❸ 友だちに メールを 送ります。
3. ❶ 一緒に テニスを しませんか。/ はい、しましょう。
   ❷ 一緒に 写真を とりませんか。/ はい、 とりましょう。
   ❸ 明日 映画を 見に 行きませんか。/ はい、行きましょう。
4. ❶ 毎晩 日本の ドラマを 見ます。
   ❷ 昨日の 試合で 勝ちました。

❸ 休みは 働きません。

❹ 杉浦さんは パーティーに 来ませんでした。

❺ A: 鈴木さん、明日 プロ野球を 見に 行きませんか。　B: はい、見に　行きましょう。

08 毎日 シャワーを 浴びて 寝ます

1. ❶ スーパで 買い物を して、家に 帰った。
   ❷ 昨日 風邪を ひいて 学校を 休んだ。
   ❸ 帽子を かぶって 学校に 行った。
2. ❶ コートを 脱いでから 部屋に 入ります。
   ❷ 仕事を してから ビールを 飲みます。
   ❸ お金を 入れてから ボタンを 押します。
3. ❶ カラオケに 行ったり、お酒を 飲んだり します。
   ❷ 掃除を したり 洗濯を したり します。
   ❸ 映画を 見たり 買い物を したり します。
4. ❶ 入りてから → 入ってから　❷ 読みて → 読んで
   ❸ 書きいてから → 書いてから　❹ 空きて → 空いて
   ❺ 飲みて → 飲んで
5. ❶ 彼に 出会ってから 彼女の 人生は 変わりました。
   ❷ 京都に 行って 有名な お祭りを 見ました。
   ❸ 毎朝 シャワーを 浴びて 会社に 行きます。
   ❹ 昼休みは サッカーを したり 野球を したり します。
   ❺ ドラマを 見て 笑ったり 泣いたり します。

09 新しい スマートフォンが ほしいです

1. ❶お茶を 飲みながら お菓子を 食べます。
   ❷ 音楽を 聞きながら 大掃除を します。
   ❸ ギターを ひきながら 歌います。
2. ❶ 京都の 金閣寺に 行きたいです。
   ❷ 会社を やめたいです。

❸ 猫が ごはんを 食べたがって います。

3. ❶ かわいい ペットが ほしいです。

❷ 毎日 部屋を 掃除して ほしいです。

❸ マスクを つけて ほしいです。

4. ❶ したいです → したがって います　❷ 来たいです → 来たがって います

❸ なりたがって います → なりたいです　❹ が → を、ほしいです → ほしがって います

❺ 検討する ほしい → 検討して ほしい。

5. ❶ 毎朝 ごはんを 食べながら ニュースを 見ます。

❷ 食事を しながら 話します。

❸ 日本の TVドラマが(を) 見たいです。

❹ 山田さんは ペッドを 飼いたがって います。

❺ 父は ゴルフセットを ほしがって います。

10 映画を 見た 後で ビールを 飲みました

1. ❶ 寝る 前に 歯を 磨きます。

❷ 掃除を する 前に 窓を 開けます。

❸ 授業の 前に 予習を します。

2. ❶ お風呂に 入った 後で、ビールを 飲みます。

❷ 勉強を した 後で、ゲームを します。

❸ 運動の 後で、シャワーを 浴びます。

3. ❶ 本を 読む 時は、眼鏡を かけます。

❷ お酒を 飲んだ 時は、運転しません。

❸ コンパに 行った 時、お酒を たくさん 飲みました。

4. ❶ 夜に なった 前 → 夜に なる 前に　❷ 買った 時 → 買う 時

❸ 終わる 後 → 終わった 後　❹ する 後 → した 後

❺ 入った 時 → 入る 時

5. ❶ トイレに 入る 前に、ノックします。

❷ 先生と 相談した 後で、決めたいです。

❸ 玉子を 混ぜた 後で、ミルクと チーズを 入れます。

❹ 北海道に 行った 時、雪まつりを 見ました。

❺ 道に 迷った 時は、交番に 行きます。

11 ここに お名前を 書いて ください

1. ❶ コーヒーと アイスティー(を) ください。
   ❷ スパゲッティと 緑茶アイスクリーム(を) ください。
   ❸ この 青い 傘(を) 二つ ください。
2. ❶ テキストの 15ページを 開けて ください。
   ❷ この 道を まっすぐ 行って ください。
   ❸ すみませんが、テレビを 消して ください。
3. ❶ 早く 帰って 休みなさい。
   ❷ 勉強を 第一に しなさい。
   ❸ 朝ごはんは ちゃんと 食べなさい。
4. ❶ 会議に 遅刻しないで ください。
   ❷ ここに ごみを 捨てないで ください。
   ❸ 熱が ある 時は、お風呂に 入らないで ください。
5. ❶ 飲んて ください → 飲んで ください
   ❷ 出らないで → 出ないで
   ❸ 引きて ください → 引いて ください
   ❹ 吸あないで ください → 吸わないで ください
   ❺ しなくて ください → しないで ください
6. ❶ すみません、ラーメンと 餃子を ください。
   ❷ ここに お名前と 電話番号を 書いて ください。
   ❸ 大けがでは ありません。心配しないで ください。
   ❹ 照れないで 大きい 声で 答えて ください。
   ❺ 肉ばかり 食べないで、野菜も 食べなさい。

12 日本語で メールが 書けます

1. ❶ 私は エクセルを 使う ことが できます。
   ❷ 私は 日本語で 電話を かける ことが できます。

❸ アントニオさんは 箸(はし)で ごはんを 食(た)べる ことが できます。

2. ❶ 小川(おがわ)さんは ドラムが できます。

❷ 彼女(かのじょ)は ギターも ピアノも できます。

❸ この スマートフォンは いろいろな ゲームが できます。

3. ❶ 朝(あさ) 早(はや)く 起(お)きられます。

❷ 私(わたし)は 日本(にほん)の 歌(うた)が 歌(うた)えます。

❸ ユンさんは 漢字(かんじ)が 書(か)けます。

4. ❶ こと　❷ が　❸ できます　❹ が　❺ 食(た)べられます

5. ❶ 今(いま)は 講堂(こうどう)を 使(つか)う ことが できます。(使(つか)えます)

❷ ボールを 20メートル 投(な)げる ことが できます。(投(な)げられます)

❸ この 川(かわ)で 泳(およ)ぐ ことが できますか。(泳(およ)げますか)

❹ 運転(うんてん)が できますか。

❺ コンビニで 宅急便(たくきゅうびん)を 送(おく)る ことが できますか。(送(おく)れますか)

저자 손정숙
상명대학교 일어일문학과 졸업
상명대학교 대학원 일어일문학과 졸업(문학석사)
중앙대학교 대학원 일어일문학과 졸업(문학박사)
현재 서일대학교 비즈니스 일본어과 교수
일본어학(일본어사・어휘론) 전공
저서: 『新 スラスラ 일본어 작문』 1・2
『スラスラ 일본어 입문』

이현진
상명대학교 일어일문학과 졸업
일본 쓰쿠바대학대학원(筑波大学大学院)
인간종합과학연구과 졸업(교육학 석사・박사)
저서: 『일본어뱅크 New 스타일일본어』 1・2
『나의 하루 한줄 일본어 쓰기 수첩』 기초문장 100・중급문장 100・고급문장 100

[개정판] 新 スラスラ 일본어 작문 1

초판인쇄 2023년 02월 21일
초판발행 2023년 02월 27일

저 자 손정숙・이현진
발 행 인 윤석현
발 행 처 제이앤씨
책임편집 김선은・윤여남
등록번호 제7-220호
우편주소 서울시 도봉구 우이천로 353
대표전화 02) 992 / 3253
전 송 02) 991 / 1285
홈페이지 http://www.jncbms.co.kr
전자우편 jncbook@daum.net

ISBN 979-11-5917-230-4 (13730) 정가 12,000원